KB204303

# 금강경 산책

원 연 편저

도서출판 해조음

# 자기를 때려 부수는 길

불교의 수행이란
자기가 자기에게 혁명을
일으키는 수행이다.


오랜 전생에서부터 자기에게
길들여진 관념을 부서트리고
부처님이 세운 정토에 다시 자기를
소생시키는 것이다.


극락 가는 좌석 표는 無와 空이다.

# 금강반야바라밀경 <sub>金剛般若波羅蜜經</sub>

## 1. 금강이란 무엇인가.

부서지지 않는 것, 이 세상에서 제일 강한 것을 금강(다이아몬드)이라 하는 것 아닌가.

이 세상에서 제일 강한 것은 불생불멸이 아닌가.

다이아몬드도 깨진다. 금강석도 깨진다.

깨지고 부서지는 것은 영원할 수가 없다.

우주상에 형체가 있는 모든 것은 언젠가는 소멸하고 부서진다. 그래서 그 무엇도 영원한 것은 없다. 우주가 영원히 사라져도 변하지 않고 사라지지 않는 것이 있다. 그것이 연기의 법칙이다.

## 2.반야

반야란 지혜를 말한다. 허나 인도 말이기에 정확한 표현이 없어서 대개 원음을 그대로 표기하는 수가 많다. 반야가 지혜를 의미하지만, 영리하고 똑똑하고 판단력 좋은 그런 지혜가 아니라. 모든 사물의 이치를 분명히 꿰뚫어 보는 깊은 지혜, 즉 우주와 짝한 지혜를 뜻한다.

보통 인간을 만물의 영장이라고 하듯이 사회는 인간을 중심으로 구성되어 있어 자연 만물은 인간의 지혜에 따라 창조 발전한다. 그래서 많이 아는 사람이나 똑똑하고 영리한 사람, 무엇인가를 예언하는 것 같은 사람을 특별하게 취급한다. 또한, 신이라는 것을 인간의 한계를 초월한 특별 존재로 취급하여 경외시 한다. 그러나 이것도 인간들이 구성한 생각을 벗어나지 못한다. 하지만 불교의 반야지혜는 그러한 지혜가 아니다. 멸하고 태어나고 하며 길들여 놓은 지식과 같은 인식의 지혜가 아니다. 영원히 부서짐도 멸함도 없는 것을 기준으로 한 지혜이다. 그 의미는 우주의 작용. 우주의 이치와 '나' 라는 개인과 한 치의 다름이 없다는 뜻

이다. 지혜라기보다 실지가 그렇다. 그 이치에서 작용하는
원리적 성질을 반야의 지혜라 한다. 그렇지만 지혜라는 말
이 제일 가까운 표현일뿐 100% 정확한 표현은 아니다.


## 3. 바라밀波羅蜜

범어로 바라밀다라고도 쓴다. 한문으로 번역하기를 到彼
岸, 度無極, 度라고도 번역하는데, 彼岸에 도달한다는 뜻이
다. 피안이란 극락을 말한다.
우리는 지금까지 극락이란 별도의 세계라고 생각해왔다.
행복하고 멋있는 세계는 우리들의 현실의 세계에서는 이루
어질 수 없는, 절대 있을 수 없는, 그래서 다른 세계, 천상
이나 끝없는 서방세계를 극락이라 상징해 놓고, 그곳을 목
표로 가기를 염원하고 노력해왔다, 그런데 극락세계란 꼭
다른 세계로 가야 있는 것이 아니다.

불교에서는 장엄이라는 말을 자주 쓴다. 천도재 같은 것을
할 때에는 장엄염불莊嚴念佛이라고 해서 망자를 위한 독경에

는 필수라고 할 정도로 장엄염불을 한다. 바로 극락을 장엄
하는 것이다.

사회를 극락으로 장엄하는 것이다. 내 집을 극락으로 장엄
하는 것이다. 내 방을 도배하고 커튼으로 치장하듯이 극락
으로 치장하는 것이다. 거기서 필수라고 할 것은, 극락이란
마음의 상징이므로 내 마음을 극락으로 치장[장엄]해야 한
다. 그러면 수고스럽게 저 멀리 서방극락까지 가지 않아도
극락이 바로 나한테 있는 것이다.

지금 현재 세상에서 제일 빠른 우주선을 타고 달나라까지
가도 별도로 극락은 그곳에 없다. 우주선보다도 더 빠른
극락행을 타보아라. 그러면 내 마음의 극락으로 직행한다.
그 극락으로 가는 직행의 차표는 無와 空이다. 그래서 금
강경이 바로 그 무와 공의 차표를 가지고 극락행 좌석을
취득하는 것이다.

# 第一
## 法會因由分(법회인유분) **법회가 열리게 되다.**

**如是我聞 一時 佛在舍衛國祇樹給孤獨園**
여시아문 일시 불재사위국기수급고독원

**與大比丘衆 千二百五十人俱 爾時 世尊食時**
여대비구중 천이백오십인구 이시 세존식시

**着衣持鉢 入舍衛大城乞食 於其城中 次第乞已**
착의지발 입사위대성걸식 어기성중 차제걸이

**還至本處 飯食訖 收衣鉢 洗足已 敷座而坐**
환지본처 반식흘 수의발 세족이 부좌이좌

법회란 우주의 이치를 참답게 모아 이루었음을 나타낸 곳
이다.

곧, 무와 공의 극락세계 표를 취득할 수 있는 자격증 취득
의 방법을 설명하는 설명회 모임이다.

〈如是=이와 같이〉 불교는 이 여시라는 말에 큰 비중을 둔

다. 그래서 대개 경전은 이 여시라는 말부터 시작한다.

이와 같이, 이와 같은 것, 무엇이 이와 같으냐. 우주의 진리의 법이 이와 같고, 나 또한 그 이치에서 조금도 벗어남이 없음을 여시아문이라고 표현한다. 그러므로 여시라는 말에 큰 비중을 둔다.

세상은 아무것도 변한 것이 없다. 부처님이 말씀을 하건, 신이 말씀을 하건, 또한 깨치고 못 깨치고 관계없이 변한 것은 없다. 오직 내가 사랑을 하고 안하고에 시시때때로 내 마음이 변할 따름이다.

〈我聞=내가 이렇게 들었다.〉 여시 다음에는 我聞이라는 말이 붙는다. 이는 내가 들었다. 하는 뜻인데, 여기서 아문이란 아란존자가 들었다고 해서 아문이다. 그러면 아란존자는 무엇을 들었느냐. 부처님의 참다운 말씀을 들은 것이다. 부처님은 무엇을 말씀하셨나. 깨친 세계에서 참다운 이치를 말씀하신 것이다. 극락세계에 직행하는 방법을 들은 것이다.

그래 〈내가 이렇게 들었다.〉는 내가 들은 것이다. 아란만이 들은 것이 아이고, 또순이는 또순이대로 들었고 갑돌이는 갑돌이 대로 들은 것이다. 세상의 참다운 이치의 진리를, 그래서 부처님이 사위국 기수급고독원이라는 곳에 계시면서 1,250인의 비구승과 함께 사위성으로 들어가 걸식을 하고 돌아와 밥을 먹고 옷과 그릇을 정리하고 발을 씻고 자리를 펴고 앉으신 것 자체가 진리인 것이다.

단순히 비디오 찍듯, 말로 그려낸 것이 아니다. 내가 우주의 작용이 그와 조금도 벗어난 것이 아니기 때문이다.

불교는 그러한 것을 말하는 가르침이다. 모기 한 마리 티끌 하나가 나는 것도 공기 속의 단순한 물리적 작용만이 아니고 우주라는 전체 작용 속에 평등한 가치가 주어진 것이다.

불교 경전을 읽어보면 유주무주의 호법 신장에서부터 일체 중생이 다 모였음을 선언한다.

극락세계 가고 싶으냐?

그러려면 너라는 생각을 비워서 공으로 만들고 아무것도
없는 무가되어 생각이 우주를 마음대로 돌아다닐 수 있는
대자유인이 되어라.

# 第二

## 善現起請分(선현기청분) 선현이 법을 청하다.

時 長老須菩提在大衆中 卽從座起 偏袒右肩
시 장로수보리재대중중 즉종좌기 편단우견

右膝着地 合掌恭敬而白佛言 希有 世尊
우슬착지 합장공경이백불언 희유 세존

如來善護念諸菩薩 善付囑諸菩薩 世尊
여래선호념제보살 선부촉제보살 세존

善男子 善女人 發阿耨多羅三藐三菩提心
선남자 선여인 발아누다라삼먁삼보리심

應云何住 云何降伏其心 佛言 善哉善哉
응운하주 운하항복기심 불언 선재선재

須菩提 如汝所說 如來 善護念諸菩薩
수보리 여여소설 여래 선호념제보살

善付囑諸菩薩 汝今諦聽 當爲汝說
선부촉제보살 여금제청 당위여설

善男子 善女人 發阿耨多羅三藐三菩提心
선남자 선여인 발아누다라삼먁삼보리심

## 應如是住 如是降伏其心 唯然世尊 願樂欲聞
### 응여시주 여시항복기심 유연세존 원요욕문

〈時=때〉 불교에서는 이 때라는 말이 가장 중요하게 나타난다.

과거, 현재, 미래의 삼세 중, 실질적으로는 과거도 현재 생각하는 것이고, 미래도 지금 생각하는 것이다. 모든 것은 현재뿐이다. 오직 미래의 생각에 현재 지배를 받고, 과거의 생각에 현재 지배를 받기 때문에, 과거가 존속해서 현재 나를 지배하고, 오지 않은 미래가 현재 나를 충동시키며 들뜨게 한다. 그래서 사람에 따라서, 현재에 살면서 현재를 자기 것으로 못하고 미래나 과거에 지배를 당한다.

바로 지금, 우리는 현재를 살면서, 생각은 항상 현재를 위해서 사는 것이 아니라 미래를 위해서 산다. 그것이 또한 삶의 묘미다. 과거는 좋건 나쁘건 이미 지나간 것이지만 미래는 나에게 다가오고 맞이해야 할 현실의 각오이므로 자연히 중요하게 긴장한다.

특히 禪에 있어서는 각하脚下라고 해서 지금 현제 발밑의 당처當處를 강하게 일깨워준다. 즉, 지금 현재 입장, 지금 현실에 있는 자기, 과거 현재 미래를 다 끊어놓고 지금 현재에서 모든 세상, 과거 미래 현재에 빼앗기지 말고, 좋은 말에 빼앗기지 말고, 나쁜 말에 빼앗기지 말고, 좋고 나쁨, 사랑 미움에도 빼앗기지 말고 발가벗어 네거리에 서 있어도 아무런 수치심도 없는 그 순수한 자리에 자기가 서 있을 때이다.

〈希有世尊=참으로 지금까지 본 적이 없는 불가사의한 세존의 모습입니다.〉

수보리가 수승한 세존의 모습을 본 것은, 바로 자기의 모습을 본 것이다. 그리고 자기의 모습을 통해서 세상의 모습을 본 것이다. 그러한 세계가 자기와 하나가 되니, 자기 인생이 얼마나 황홀했겠나. 생각만 해도 같이 황홀하다.

〈如來=자연 그대로 여여한 모습으로 오시는 것,〉

참다운 진리 그 모습 그대로 나타내서 오신분 즉 부처님을 표현한 말이다. 무당들과 같이 신이다 옥황상제다 하는 얼빠진 소리는 금강경에는 없다. 현실의 자기 주체인 주인공이 있을 따름이다.

〈阿耨多羅三藐三菩提心=위없이 바르고 평등한 깨달음=無上正等正覺〉

위 없이 바르고 평등한 깨달음을 얻고자 마음을 낸 사람은 어떻게 마음을 가져야 하며, 어떻게 그 마음을 조복 받아야 합니까.

〈何住=어떻게 마음을 가질 것이냐. = 어떠한 마음에 머무를 것이냐.〉

마음을 가진 인간, 인간의 몸뚱이는 마음이라는 것의 집 역할을 한다. 집이 아무리 좋아도 마음이 편안하지 못하면 불안한 집이 되고 만다. 마음이 아무리 편안해도 집이 불안하고 삐걱거리면 마음 또한 불안하고 안정이 안 된다.
〈降伏其心=어떻게 그 마음을 다스릴 것인가.〉

생각하는 갈대, 마음은 제멋대로다. 사랑하는 놈이 있으면 사랑하는 임에게 가고, 미운 놈이 있으면 미운 생각으로 가고, 미국으로 갔다가 중국으로 갔다가 한국으로 갔다가 순간순간 발도 없이 제멋대로이다. 그놈을 어떻게 붙잡아 매 놓을까. 내 마음을 어떻게 매어놓아 허덕이며 동서남북으로 쫓아다니지 않을까. 목줄을 잡아 꼼짝 못하게 하여야 할 터인데,

부처님이 말씀하셨다.
"잘 묻고, 잘 생각하였다. 참다운 진리의 법에 안주하기로 마음 내었으면, 낸 그 자리에 머물면서 헐떡거리는 그 마음도 항복 받느니라."

"세존이시어 가르침을 주시옵소서,"
"개똥아一!"

"네一!"

"이미 너는 그곳에 안주하고 있구나."

## 大乘正宗分(대승정종분) 대승의 바른 가르침.

佛告須菩提 諸菩薩摩訶薩 應如是降伏其心
불고수보리 제보살마하살 응여시항복기심

所有一切 衆生之類 若卵生 若胎生
소유일체 중생지류 약난생 약태생

若濕生 若化生 若有色 若無色 若有想
약습생 약화생 약유색 약무색 약유상

若無想 若非有想非無想 我皆令入無餘涅槃
약무상 약비유상비무상 아개영입무여열반

而滅度之 如是滅度無量無數無邊衆生
이멸도지 여시멸도무량무수무변중생

實無衆生得滅度者 何以故 須菩提 若菩薩
실무중생득멸도자 하이고 수보리 약보살

有我相 人相 衆生相 壽者相 卽非菩薩
유아상 인상 중생상 수자상 즉비보살

〈一切衆生=우주 법계에 존재적 개체(중생)〉

20

불교에서는 중생이라고 하면 인간만을 말하지 않는다. 알로 태어 났거나 태에서 태어 났거나, 습한 곳에서 태어 났거나, 천상지옥에서 태어 났거나, 모두 중생에 속한다.

이러한 중생들이 나라고 하는 집착이 없이 별도로 중생이라는 생각이 없으면, 곧 열반의 세계에 들어간 것이다.
어째서 열반의 세계에 들어가느냐 하면, 본래 중생이 없기 때문이다. 오직 중생 자체가 스스로 중생으로 자처하기에 중생이 되고 만 것이다.

그 열반의 세계에 들어가려면 입장표가 필요하다. 그게 無와 空이다.

〈我相 人相 衆生相 壽者相=나라는 생각, 나는 인간이라는 생각, 중생이라는 생각, 오래 살고 싶어 하는 생각〉

無와 空의 입장권을 사려면 아상, 인상, 중생상, 수자상의 자기가 가지고 있는 보물을 다 지급해야 구할 수 있다.

〈菩薩=중생을 이익하게 하고, 바라밀행을 닦아 불타와 같은 깨달음을 얻겠다고 서원을 세운 사람.〉

아상, 인상, 중생상, 수자상이 있으면 보살이 아니니라. 하는 것은 열반에 이르려면 아상, 인상, 중생상, 수자상이 없어야 하기 때문이다.

대승불교의 중심신앙은 보살 신앙이라고 할 수 있다. 보살의 입장은, 위로는 깨침으로 나아가고 밑으로는 중생을 구제한다는 원력이 상징으로 되기 때문이다. 그래서 대승은 보살사상으로 존재한다. 종교로서 신앙으로서 출중하다.

第四
**妙行無住分**(묘행무주분)
묘하고 묘한 행은 머무름이 없이 행한다.

復次 須菩提 菩薩於法 應無所住 行於布施
부차 수보리 보살어법 응무소주 행어보시

所謂不住色布施 不住聲香味觸法布施 須菩提
소위부주색보시 부주성향미촉법보시 수보리

菩薩應如是布施 不住於相 何以故
보살응여시보시 부주어상 하이고

若菩薩不住相布施 其福德不可思量 須菩提
약보살부주상보시 기복덕부가사량 수보리

於意云何 東方虛空 可思量不 不也世尊
어의운하 동방허공 가사량부 불야세존

須菩提 南西北方 四維上下虛空 可思量不
수보리 남서북방 사유상하허공 가사량부

不也世尊 須菩提 菩薩無住相布施福德
불야세존 수보리 보살무주상보시복덕

## 亦復如是 不可思量 須菩提 菩薩但應如所教住
역부여시 불가사량 수보리 보살단응여소교주

〈無所住 行於布施 = 마땅히 머무는 바 없이 보시를 한다.〉

〈行〉이 중요하다. 불교는 그림을 그려놓고, 그림이 뛰어 나와서 뛰어다니게 한다. 그게 불교의 실천사상이고 불교의 행이다.

묘妙하다. 얼마나 묘하고 묘한가.
머묾이 없다는 것은 이미 나에게 주입된 생각에 머묾이 없다는 것이다. 그렇다고 내 마누라가 싫증이 났다고 해서 버리고 남의 마누라한테 달려가라는 것이 아니다. 머묾이 없다는 것은 좋고 나쁨의 분별력에 좌우 당하지 않고 나와, 내 가정과, 내 사회와, 내 세상을 바르게 볼 수 있을 때 머묾이 없이 행하는 것이 된다. 그래서 좋고 나쁨에, 사랑하고 미움에 내 마음을 두지 않고 행하는 것이다.

그러기에 머묾이 없는 마음에서 행[베풂]하는 것은, 행복하

24

기가 시작과 끝도 없이 항상 가득하게 된다.

〈但如所教住=다만 당연히 가르친 대로 머무는 것이다.〉

묘하고 묘한 것이다. 부처님 말씀을 들으면 부처님 말씀이
진리 같고, 소크라테스 말을 들으면 소크라테스 말이 진리
같다. 그러면서 나는 나대로 사랑하고 미워하며 배고플 때
밥 먹고 잠잘 때 잠자니 얼마나 묘한가.
그러나 그리스도 말을 바르게 볼 줄 알아야 한다. 지옥과 같
은 세상에서 끌어내기 위해서 사탕발림하기 위해서 한 이
야기들이 그 후계자들이 지기들 살기 위해서 거짓을 사실
같이 꾸며 현혹한데 진정한 가르침이 되지 못하는 것이다.

그 증거로, 사탄이니 이단이니 우상이니 하면서 믿지 않으
면 불신지옥이라고 해서 최면화하여 사람들을 벌벌 떨게
한다. 그것도 단순한 종교적인 선교가 아니라 조직적으로
어리석은 사람들을 자기들 파벌에 절대복종시키기 위한 세
계화였다.

이처럼 당연히 가르친 대로 머물러야 한다는 것은, 〈내 생각에 머무는 바 없이 행해야 한다는 절대 강조다.〉

무엇인가의 조직적 최면 때문에 신이니 사탄이니 하는 꼬임에 머무르라는 말이 아니다.

# 第五
## 如理實見分(여리실견분) 바른 도리를 실답게 보다.

須菩提 於意云何 可以身相見如來不
수보리 어의운하 가이신상견여래부

不也世尊 不可以身相得見如來 何以故
불야세존 불가이신상득견여래 하이고

如來所說身相 卽非身相 佛告須菩提
여래소설신상 즉비신상 불고수보리

凡所有相 皆是虛妄 若見諸相非相 則見如來
범소유상 개시허망 약견제상비상 즉견여래

신의 입장 부처의 입장에서도 보지 마라.

〈實見〉 실답게 보다. 어느 측면에서 보는 것을 실답게 보는
것이라 하느냐.

여기에서 실다움이란, 나의 인식이나 이해관계라든가 사회
나 국가나 어느 지역의 입장을 말하는 게 아니다. 편중된

논리가 아닌 전체이다. 선과 악을 합하고 자연과 함께 우주의 이치에서 보는 실다움이 되어야 한다. 그 처지에서 보아야 한다.

〈如來身相〉 여래의 몸이란 우주 그 자체를 말한다. 그러므로 몸뚱이를 가지고 부처님을 본다고 할 것 같으면 절대 볼 수 없다. 그것은 마치 장님이 코끼리 구경하는 거와 같다. 여기서부터 空과 無가 논리의 주인공 역할을 하게 된다. 허공을 바로 나의 몸뚱이로 보고, 우주를 바로 나의 몸뚱이로 보는 것이다.

〈凡所有相 皆是虛妄 若見諸相非相 卽見如來＝ 무릇 형상이 있는 것은 다 허망하니 만약 모든 형상을 형상 아닌 것으로 보면 곧 여래를 보리라.〉

형상 아닌 것으로 보는 것. 누구나 부처님이다. 그리고 나이다. 내가 부처님과 같아서 그렇게 보지 않는 것이 아니라. 본래가 고정된 모양이 없기 때문이다.

어떻게 할 것인가. 어떻게 할 것인가. 나는 갑돌이가 씩씩
하고, 을순이가 예쁘고 예쁜데.

실답지 않은 것만 있으면 실다운 것이 보이련만.

모든 게 실다우니 찾아도 찾아도 별도로 실다운 것은 없네.

오직 그때그때 내가 필요한 것이 있고 없을 뿐이지. 갑돌이
와 을순이처럼.

그래서 장가가고 시집간다.

다 같은 남자,

다 같은 여자지만,

그때그때 나에게 필요한 사람이 있을 따름이다.

# 第六.
## 正信希有分(정신희유분) 바른 믿음은 드문 것을

須菩提白佛言 世尊 頗有衆生 得聞如是
수보리백불언 세존 파유중생 득문여시

言說章句 生實信不 佛告須菩提 莫作是說
언설장구 생실신부 불고수보리 막작시설

如來滅後 後五百歲 有持戒修福者
여래멸후 후오백세 유지계수복자

於此章句 能生信心 以此爲實 當知是人
어차장구 능생신심 이차위실 당지시인

不於一佛二佛三四五佛 而種善根 已於無量
불어일불이불삼사오불 이종선근 이어무량

千萬佛所 種諸善根 聞是章句 乃至一念
천만불소 종제선근 문시장구 내지일념

生淨信者 須菩提 如來悉知悉見 是諸衆生
생정신자 수보리 여래실지실견 시제중생

得如是無量福德 何以故 是諸衆生
득여시무량복덕 하이고 시제중생

無復我相 人相 衆生相 壽者相 無法相
무부아상 인상 중생상 수자상 무법상

亦無非法相 何以故 是諸衆生 若心取相
역무비법상 하이고 시제중생 약심취상

卽爲著我人衆生壽者 若取法相
즉위착아인중생수자 약취법상

卽著我人衆生壽者 何以故 若取非法相
즉착아인중생수자 하이고 약취비법상

卽著我人衆生壽者 是故不應取法 不應取非法
즉착아인중생수자 시고불응취법 불응취비법

以是義故 如來常說 汝等比丘 知我說法
이시의고 여래상설 여등비구 지아설법

如筏喻者 法尙應捨 何況非法
여벌유자 법상응사 하황비법

〈信〉 믿어야 할 것인가. 안 믿어야 할 것인가. 그게 문제로다.

〈무릇 모양이 있는 것은 다 허망한 것이니, 모양을 모양 아
닌 것으로 보면 곧 여래를 보느니라.〉 라고 하는 것을 믿어

야 할지 안 믿어야 할지, 그게 문제로다.

그러나 그것은 사실이다. 모든 모양은 본래 그대로이다.

불교에서 말하는 신앙심이라는 것은 바로 이 신앙심이다.
구원을 받고 영원히 죽지 않는 갈망의 구원이 아니라 모든
모양이 영원한 것이 아님을 통찰하면 곧 영원함이 그곳에
있다. 여래란 그대로가 나무아미타불 여래임을 취득하는
것이다.

그대로가 여래라 하는 것은, 우주 안에 있는 것은 모두가
여래가 되기 때문이다.

전단향나무가 있다. 그것을 쪼개고 쪼개서 가루가 되어도
전단향나무인 것과 같다.
그래서 희유하다고 하는 것이다. 부처님 말씀을 들으니 저
지옥 중생까지도 모두 부처님의 광채가 나는 것이다. 얼마
나 신기하냐. 얼마나 환희스러우냐. 수보리만이 아니고, 나
도 우리도 환희심이 충만해지지 않으냐.

믿느냐.

믿느냐.

믿느냐.

믿는다. 세상이 변해도, 변함이 있을 수 없으니 믿음이 올때까지 더 정진하거라.

이것은 부처님 말씀이 아니어도, 우주가 변하고

나라는 모양도,

인간이라는 모양도,

중생이라는 모양도,

수명이라는 모양도 없을 뿐 아니라,

진리라는 모양도 진리가 아니라는 모양도 또한 없는 것이다. 그 없다는 생각조차 없을 때 여여한 모습으로 부처님이 나타나 아미타불 세계를 치장하는 것이다.

정심희유正心希有란 바른 믿음은 곧 진실한 믿음이다. 참으로 본뜻을 받들고 믿으면 자기 자신이 거룩하고 귀하게 되는 것이다.

불교에서 말하는 극락이란 존재하는 실체적 無를 실질적으로 존재하는 것임을 자각하는 것과 함께 그 無를 철저하게 뚫고 뚫어 극한적 자기에 이르러서 그곳에서 그를 다시 한

번 벗어남으로써 현실화된 내가 실재화 된다. 그 나[我]의 현실화는 초월이다. 그 초월은 일체 번뇌 망상을 다 받아들일 때 초월이 되며 초월된 나는 보편적인 나의 현실이다. 왜냐하면, 불교는 환상이 아니라 내가 현실에서 실제화되어야 하기 때문이다.

## 第七
### 無得無說分 (무득무설분) 얻을 것도 없고 설할 것도 없다.

須菩提 於意云何 如來得阿耨多羅三藐三菩
수보리 어의운하 여래득아누다라삼먁삼보

提耶 **如來有所說法耶** 須菩提言 如我解佛所
리야 여래유소설법야 수보리언 여아해불소

說義 無有定法名阿耨多羅三藐三菩提 亦無
설의 무유정법명아누다라삼먁삼보리 역무

有定法如來可說 何以故 如來所說法
유정법여래가설 하이고 여래소설법

皆不可取 不可說 非法 非非法 所以者何
개불가취 부가설 비법 비비법 소이자하

一切賢聖 皆以無爲法 而有差別
일체현성 개이무위법 이유차별

〈如來 有所說法耶=여래가 진리[법]를 말한 적이 있다고 생
각하느냐.〉
없습니다.

우주법계가 다 여래의 말씀입니다.

아는 놈은 말 안 해도 알고
모르는 놈은 손에 쥐어주어도 모릅니다.

왜냐하면,
진리란, 진리라 고정하면 진리가 아닙니다. 그렇다고 해서
진리가 아니라고 해도 맞지 않습니다. 일체의 성현도 차별
이 없는 무위법으로 차별을 짓기 때문입니다.
바른 사람이 삿되게 말하는 것은, 삿됨이 아니라, 삿됨을
바르게 하기 위함이다.
우는 아기에게는 혼내는 것이 아니라 맛있는 사탕이든지
젖을 주어야 한다.
사탕이 독이 된다고,
암 되고말고
하지만 약이 될 때도 있다.

부처님은 대기對機설법을 하신 분이다. 불교 자체가 이것이
야말로 절대적이라는 말을 하지 않는다. 사성제나 육바라

밀이나 12연기나 연기법 등이 절대적인 것은 아니다. 오직
삶의 기준이 되도록 하신 것이다.

금강경은 얻을 것도 없고 말할 것도 없는 것을 설명하는
책이다. 얻을 것도 없고 말할 것도 없으면 공도리空道理가
된다.
책은 아누다라삼먁삼보리(무상정등정각)라고 해서 얼버무리지
만, 취한다든가 얻는다든가 깨칠 것이 있다고 하면 참으로
공이 되지 못한다. 극락세계는 철저하게 공이 되어야 극락
세계가 장엄된다.

# 第八
## 依法出生分 (의법출생분) 법에 의지해서 출생한다.

須菩提 於意云何 若人滿三千大千世界七寶
수보리 어의운하 약인만삼천대천세계칠보

以用布施 是人 所得福德 寧爲多不
이용보시 시인 소득복덕 영위다부

須菩提言 甚多 世尊 何以故 是福德
수보리언 심다 세존 하이고 시복덕

即非福德性 是故如來說福德多 若復有人
즉비복덕성 시고여래설복덕다 약부유인

於此經中 受持 乃至四句偈等 爲他人說
어차경중 수지 내지사구게등 위타인설

其福勝彼 何以故 須菩提 一切諸佛
기복승피 하이고 수보리 일절제불

及諸佛阿耨多羅三藐三菩提法
급제불아누다라삼먁삼보리법

皆從此經出 須菩提 所謂佛法者 即非佛法
개종차경출 수보리 소위불법자 즉비불법

법이란 말은 法則 즉, 법의 원리, 법의 이치, 그래서 진리라고 해석한다. 진리란 절대 불변의 법칙을 표방하기 때문이다.

요새 보면 자기네 종교나 자기들의 사상을 가지고 진리라는 말로 표현하는 수가 많은데, 이것은 우리들의 보편적인 진리의 관념과는 다르다. 보편적인 진리라 할 것 같으면, 그 무엇인가의 특출한 말이 아니어야 한다. 그것은 꾸며낸 말, 지어낸 말이기 때문이다. 그러한 것으로 진리의 기준이 되어서는 안 된다. 모든 모습 그대로에서 진리의 규정이 되지 않으면 안 된다.

〈福德〉

"세계에서 제일가는 7가지 보물을 한라산 같이 쌓아서 보시한다면, 그 복이 얼마나 많겠느냐."
"매우 많습니다. 왜냐하면, 부처님이 말씀하시는 복덕이란, 복과 덕이 있고 없는 것을 초월한 절대 무의 수에서 말씀하시는 것이기 때문입니다."

"그렇고 그렇다. 금강경 중에, 실제로 모든 존재는 실체가 없어 허망한 것이니, 모든 존재를 그러한 실체임을 확실히 꿰뚫어 자기가 되면, 그 이상 복과 죄도 끼어들 틈이 없느니라."

"그러므로 또한 그렇다. 일체의 법의 진리가 다 이 금강경에 수록되어 있으니, 금강경의 한 구절만 자기 것으로 하면 전체가 자기화한다."

맞다. 맞아. 모두의 출생은 진리의 이치를 조금도 벗어남이 없다.

어떻게 태어났던 모두가 평등한 진리의 우주 속에서 태어남이라.

불교에서 말하는 법은, 헌법이니 국가법이니, 하는 인간이 구상해 내놓은 자기들만의 원칙을 가지고 법이라고 하는 것이 아니라 우주가 생성되는 이치의 원칙에 의한 것을 법이라고 하기 때문이다.

우주가 생성되는 원칙, 모기 한 마리, 뱀 한 마리도 이 원칙에서는 조금도 어긋날 수 없기 때문이다.

# 第九.
## 一相無相分(일상무상분) 하나의 모양도 모양이 아니다.

須菩提 於意云何 須陀洹能作是念
수보리 어의운하 수다원능작시념

我得須陀洹果不 須菩提言 不也世尊
아득수다원과부 수보리언 불야세존

何以故 須陀洹名爲入流 而無所入
하이고 수다원명위입류 이무소입

不入色聲香味觸法 是名須陀洹 須菩提
불입색성향미촉법 시명수다원 수보리

於意云何 斯陀含 能作是念 我得斯陀含果不
어의운하 사다함 능작시념 아득사다함과부

須菩提言 不也世尊 何以故 斯陀含
수보리언 불야세존 하이고 사다함

名一往來 而實無往來 是名斯陀含 須菩提
명일왕래 이실무왕래 시명사다함 수보리

於意云何 阿那含 能作是念 我得阿那含果不
어의운하 아나함 능작시념 아득아나함과부

須菩提言 不也世尊 何以故 阿那含
수보리언 불야세존 하이고 아나함

名爲不來 而實無不來 是故 名阿那含
명위불래 이실무불래 시고 명아나함

須菩提 於意云何 阿羅漢 能作是念
수보리 어의운하 아라한 능작시념

我得阿羅漢道不 須菩提言 不也世尊
아득아라한도부 수보리언 불야세존

何以故 實無有法名阿羅漢 世尊
하이고 실무유법명아라한 세존

若阿羅漢 作是念 我得阿羅漢道
약아라한 작시념 아득아라한도

卽爲著我人衆生壽者
즉위착아인중생수자

世尊 佛說我得無諍三昧人中
세존 불설아득무쟁삼매인중

最爲第一 是第一離欲阿羅漢
최위제일 시제일이욕아라한

世尊 我不作是念 我是離欲阿羅漢
세존 아부작시념 아시이욕아라한

世尊 我若作是念 我得阿羅漢道
세존 아약작시념 아득아라한도

世尊 即不說 須菩提是樂阿蘭那行者
세존 즉불설 수보리시요아란나행자

以須菩提實無所行 而名須菩提
이수보리실무소행 이명수보리

是樂阿蘭那行
시요아란나행

〈諍=싸우다.〉

싸우는 것은 상대와 싸우는 것이다. 이것이 일반적이고 사회적이다.

상대 없이 싸우는 것이 있다. 자기와의 싸움이다. 이 자기와의 싸움에서 이긴 사람, 불교에서는 이것을 승자라 한다. 칭기즈칸은 세상을 다 차지하다시피 하고서도 더 차지 못해 허덕이다 죽었다. 결국, 자기 것도 차지하지 못하고 남의 것 빼앗으려고 허덕이다 죽은 것이다.

자기와 싸워 승리하는 방법은, 모든 모양을 하나로 뭉쳐, 그 하나를 집어삼키면 된다. 그 전에 밉고 고움을 하나로 뭉치는 방법을 연습해보아라. 그것이 실행되면 세상의 모양을 전부 하나로 뭉치는 방법을 숙달시켜, 그것이 되면 집어삼켜라.

그러면 어떻게 되느냐. 태어남도 집어삼키고 죽음도 집어삼키고, 병들고 늙음도 집어삼키면, 태어남도 늙고 병들고 죽음도 없어지고 지혜라는 금고를 지키기 위해서 마음 씀도 없이 처처가 자비의 꽃이 만발하여 가득해진다.
무의 승자가 되어라.
공의 승자가 되어라.
그러면 자동으로 극락세계의 문이 열린다.
극락세계란 죽어서만 가는 곳이 아니다.
살아서 가는 곳이다.

# 第十.
## 莊嚴淨土分(장엄정토분) 정토를 꾸밈(장엄)

佛告須菩提 於意云何 如來昔在然燈佛所
불고수보리 어의운하 여래석재연등불소

於法有所得不 不也世尊 如來在然燈佛所
어법유소득부 불야세존 여래재연등불소

於法實無所得 須菩提 於意云何
어법실무소득 수보리 어의운하

菩薩 莊嚴佛土不 不也 世尊 何以故 莊嚴佛土者
보살 장엄불토부 불야 세존 하이고 장엄불토자

卽非莊嚴 是名莊嚴 是故 須菩提
즉비장엄 시명장엄 시고 수보리

諸菩薩摩訶薩 應如是生淸淨心
제보살마하살 응여시생청정심

不應住色生心 不應住聲香味觸法生心
불응주색생심 불응주성향미촉법생심

**應無所住 而生其心**
응무소주 이생기심

須菩提 譬如有人 身如須彌山王
수보리 비여유인 신여수미산왕

於意云何 是身爲大不 須菩提言 甚大世尊
어의운하 시신위대부 수보리언 심대세존

何以故 佛說非身 是名大身
하이고 불설비신 시명대신

---

〈莊嚴=꾸밈〉

나를 치장한다.

여자가 예쁘고 예쁘게 화장하듯이 꾸미는 것이다.

꾸민다는 것은, 내 마음을 치장하는 것이다. 찬란하고 멋있
는 세계로 치장하는 것이다. 그 찬란함이란 집착이 없는 내
세계의 환희다.

우리가 첫째로 바라는 세계가 있다.

극락세계이다.

하도 극락세계, 극락세계 하니까 극락세계는 눈을 떠도 눈을 감아도 극락세계라는 생각이 화려하게 나타난다.

극락세계란 곳은, 그 나라의 중생들은 괴로움이 없고 다만 온갖 즐거움만 있으므로 극락이라 한다.

극락이라는 별장은 일곱 겹의 보배 그물과 일곱 겹의 가로수가 있는데, 금, 은, 청옥 수정 등으로 두루두루 찬란하게 장식되어 있으므로 그 나라를 극락이라 한다. 또한 칠보, 금, 은, 청옥, 수정, 백산호, 빨간 진주, 마노(짙은 녹색의 보석) 등으로 장엄한 연못이 있고, 부드러우며 향기롭고 마시면 근심이 사라지는 여덟까지 공덕수가 있으며. 못 바닥에는 금모래가 깔렸고 못가의 사방에는 층계가 있어 금, 은, 유리, 파려 등의 보배로 장식되어있다. 그 위에는 역시 금, 은, 유리, 파려, 자거, 적주, 마노 등으로 세워진 누각이 있으며, 연못 속에는 수레바퀴 모양의 큰 연꽃이 있어, 푸른 꽃에서는 푸른 광채가, 황금빛 꽃에서는 황금빛 광채가, 빨간 꽃에서는 빨간 광채가, 흰 꽃에서는 흰 광채가 나면서 참으로 아름답고 향기로운 향기가 둘레를 감싸며 충만 시킨다.

이렇게 마음에 그림을 그리고 아미타불을 염하여 아미타불과 일념이 되었을 때 자기 세계가 장엄하여 나타나는 세계이다.

그렇게 나타나야 한다. 극락세계가 그렇게 나타나야 한다. 그래야 우리가 돌아갈 때 그곳을 찾아가게 된다. 모르면 찾아갈 수 없기 때문이다.

장엄이라는 말은 이 극락세계를 장엄한다는 말이다. 치장하고 꾸민다는 말이다. 그것을 잘 설명해 그려져 있는 것은 아미타경에 있다. 그 극락세계를 먼저 조감도를 그리고 그렇게 꾸며서 내 집으로 하여 내가 사는 것이다. 그러면 죽어서 바로 극락세계로 들어간다. 자기 집이니까 누가 설명하지 않아도 잘도 찾아간다. 그렇지만 만일 죽어서 잘못하여 길을 잃을까 노파심으로 길 안내하는 독경을 한다.

경의 내용이 대부분 집착함이 없는 마음을 가지라 설법한
다. 집착함이 없어야 극락세계로 바로 들어가게 되기 때문
이다.

〈無所住而生其心 = 응당히 머무는 바 없이 그 마음을 내느
니라.〉

자기라는 생각

내 것이라는 집착

머묾이 없다는 말은, 자기라는 집착이나 생각에 머묾이 없
이 말을 나타내는 것이다. 말은 간단하다. 그런데 안 된다.
금강경을 참선수행 하는 사람들이 잘 활용하는 것은, 참선
수행이 아니면 말의 뜻과 내가 하나가 되기 힘들어서이다.
그래서 무조건 공空에 들어가라. 무조건 무無로하라. 하는
것이다. 극락세계의 장엄은 무와 공이다. 참선의 화두나 묵
조선이 자기라는 생각에 머묾이 없이 하는 수행의 방법이
된다.

그래서 결국 실천행을 요구하게 된다. 선입감의 인과 작용으로 생각하고 세상의 작용을 보며 나의 행동도 그에 따르며 지금까지 왔다. 우리는 철저하게 그에 물들며 행위 하기에 괴로움도 항상 같이 따라다닌다. 요새는 과학적으로도 유전자가 전생의 선입관이 작용하는 것을 판독한다. 생각의 선입감, 육체의 유전자, 언제까지나 그에 지배당할 것인가.

선입감이나 유전자에 지배당함 없이 순수한 생각을 내느니라.

극락세계 가겠느냐. 그러려면 이것저것 생각해 잡스러워지지 말고 [無] 하나만 집중해라.

# 第十一
## 無爲福勝分(무위복승분) 꾸밈이 없음이 뛰어난 복이다.

須菩提 如恒河中所有沙數 如是沙等恒河
수보리 여항하중소유사수 여시사등항하

於意云何 是諸恒河沙 寧爲多不
어의운하 시제항하사 영위다부

須菩提言 甚多世尊
수보리언 심다세존

但諸恒河尙多無數 何況其沙
단제항하상다무수 하황기사

須菩提 我今實言告汝 若有善男子善女人
수보리 아금실언고여 약유선남자선녀인

以七寶滿爾所恒河沙數三千大千世界
이칠보만이소항하사수삼천대천세계

以用布施 得福多不 須菩提言 甚多世尊
이용보시 득복다부 수보리언 심다세존

佛告須菩提 若善男子善女人
불고수보리 약선남자선녀인

於此經中　乃至受持四句偈等　爲他人說
어차경중 내지수지사구게등 위타인설

而此福德　勝前福德
이차복덕 승전복덕

〈福〉

인간은 복이 있기를 간절히 바란다.

복이란 행복하고 만족하고 풍족하고, 그래서 부족함이 없는 상태를 말한다. 하지만 실제는 자기 혼자만의 힘으로는 만족은 둘째로 하고 삶을 지탱할 수도 없다.

나무도 씨만 떨어져서 저 혼자 자라는 것이 아니다. 자기를 받아 줄 흙이 있어야 하고 습기가 있어야 하고, 온도도 적당히 맞추어 주어야 한다. 물고기도 알에서 나오기만 해서 살아가는 것이 아니다. 물과 함께 영양분이 될 만한 플랑크톤이 있어야 한다. 특히 인간은 태로 나오기에 엄마의 젖과 보살핌이 없이는 살 수가 없다. 이렇게 환경적으로 형성되는 것을 복이라고 한다.

여기서 하나 더, 인간은 생각하는 동물이다. 복이라는 말 자체가 생각하는 동물, 인간에 한정해서 하는 말이 되기 때문이다.

인간도 처음에는 생각이 단순했을 것이다. 우리들의 옛 모습 그대로 사는 원시사회가 지금도 존재하고 있으니까. 그들을 보면 안다. 기초적 본능, 먹는 것과 종족보존을 위한 성욕만 해결되면 여타 특별히 갈구하는 것이 없다. 그러던 인간들이 철이 발견되어 그 사용법이 편리하게 되면서 곡식 하나 심어 그거 영글면 따먹고, 그게 떨어지면 굶으며 헤매던 삶이 먹을 게 넉넉해지자 욕심이 점점 팽창되어 오늘에 이른 것이다.

지금은 돈으로 불쏘시개를 하면서 살아도 일생 다 사용할 수 없을 정도의 돈을 가지고 있으면서도 남의 것을 뺏고 차지해서 더 많은 돈을 가지려고 속이고 해하고 한다.

이 중에 인간의 최고 잔인한 본능의 절정은, 권력 주의적

왕권시대에 왕들의 모습이다. 한둘의 여자만 차지하는 것이 아니고, 삼천, 삼만의 젊고 예쁜 여자들을 자기 혼자 다 차지해서 몰아놓고 생리적으로 그들을 다 만족시켜 줄 수 없으니까 불안해 그들을 관리 감독하는 남자들을 전부 남자의 상징을 잘라 남자 구실을 못하도록 하기까지 했다. 저도 못 먹고 남도 못 먹게 하는, 욕심의 최고 절정이다.

이러한 욕심들이 세상에 가득할 때, 세상의 삶은 불만과 불평이 가득 찬 지옥으로 변하는 것이다.

그러나 불평을 하건, 차지하건, 갈등은 사라지지 않는다. 그것에서 한 생각 돌려 갈등과 고통 없는 낙원이 자기한테서 형성되는 것이 제일 큰 복이 되는 것이다. 석가모니는 이것을 통달한 것이다. 그 무엇으로도 인간의 고뇌는 사라지지 않는다고, 오직 마음을 근본 본질에 이르게 하는 방법밖에는,

그래서 부처님은 말씀하시는 것이다. 아무리 금, 은이 많아도 마음을 낙원으로 만드는 것보다 더 큰 복은 없다 하고

간파하신 분이 석가모니다.

복은 극락세계 가는 길의 걸림돌이 된다.

달리고 있는 마라톤 선수에게 사랑하고 좋아한다고 맛있는
것 잔뜩 쌓아놓고 가는 길을 방해하는 것과 같다.

오직 지혜가 있는 사람은 나의 목적은 마라톤의 〈골~인이
야〉, 하며 거들떠보지도 않고 달린다.

생사의 본질을 해결하지 않고는 극락세계 가는 표 '무' 와
'공' 을 얻는 데 장해가 될 따름이다.

第十二

**尊重正教分**(존중정교분)

**바른 가르침은 귀하고 중요함이니라.**

---

復次須菩提 隨說是經 乃至四句偈等
부차수보리 수설시경 내지사구게등

當知此處 一切世間天人阿修羅 皆應供養
당지차처 일체세간천인아수라 개응공양

如佛塔廟 何況有人盡能受持讀誦
여불탑묘 하황유인진능수지독송

須菩提 當知是人成就最上第一希有之法
수보리 당지시인성취최상제일희유지법

若是經典所在之處 卽爲有佛 若尊重弟子
약시경전소재지처 즉위유불 약존중제자

〈사구게四句偈=범소유상개시허망약견제상비상즉견여래凡所
有相皆是虛妄若見諸相卽非相卽見如來를 사구게로 한다.〉

(세상에 존재하는 모든 것, 정신적이거나 물질적인 것은 실

체가 없이 변하는 것이다. 만일 이와 같은 실체를 알면, 모든 모양[相]이 모양이 아닌 것임을 알게 되어 부처님 세계에 들어가는 것이다. 곧 아미타불 세계에 들어가는 것이다.)

팔만대장경은 이 세상에서 제일 방대한 책이다. 또한, 그 글 하나하나에 진리 아닌 것이 없다. 그 팔만대장경을 바로 읽고 거꾸로 읽고 내용을 줄줄 외운다고 해도 '모든 있는 바 모양은 실체가 없는 것이니, 만약 모든 모양을 모양으로 보지 않으면 여래를 본다.' 는 사실을 깨달아야 한다.

여래를 본다는 것은, 참다운 진리를 체득한다는 뜻이다.

불교가 멋있다고 하는 것은, 부처님이 훌륭하다든가, 불교의 가르침이 최고라고 하는 것이 아니다. 불교가 오직 최고 밖에 될 수 없는 것은, 인간의 본질, 지구의 본질, 우주의 본질을 기준으로 해서 이야기하기 때문이다. 다른 종교는 神이라는 환상을 최면화시켜 현실인양 주입하는 것일 뿐이다.

나를 기준으로 해서 이야기하면 무와 공이 성립되지 않는다. 그냥 그러한 이야기밖엔 안 되기 때문이다. 그러나 나를 떠나서 너의 입장만 가지고 이야기해도 알 수가 있다. 너의 입장에서는 내가 아무리 아프고, 아무리 기분이 좋아도 너에게는 空이 되고 無가 되는 것이 한둘이 아니다. 또한, 국가 사이만 해도 더욱 그렇고 별과 별 사이는 더욱 그럴 것이 아닌가.

이러한 것을 굳이 꼬집어내서 이야기하여야 하느냐하면 해야 한다. 왜? 존재자는 나이지만, 우주 전체가 다 같이 합심해서 내가 존재하고 있기 때문이다. 그래서 주체자는 나이지만, 너와 나, 사회와 세상, 우주의 작용까지도 한 덩어리가 되어, 그 우주의 작용 속에서 나도 작용하기 때문이다.

〈금강반야바라밀경金剛般若波羅密經〉으로 받들어 가져라.

칼로서 물을 베어보아라.

칼로서 마음을 베어보아라.

칼이 지나고 난 자리에는 흔적도 없다.

그런데 남음이 있다.
자기 생각이다.
자기 생각에 남아있으면 칼에 진 것이고

생각에 남아있지 않으면

칼이 진 것이다.

즉견여래卽見如來=바로 여래를 본다.

바로 아미타불을 본다.

바로=우리가 보통 바로 볼 수 있는 게 무엇이냐.

내 마누라.

내 서방.

그보다 더 가까운 곳, 마누라도 서방도 있어야 볼 수 있
다. 그보다 더 가까운 곳, 잠을 자도 항상 있는 것, 내 몸뚱
이다.
거기서 한 발짝 더 죽어서도 같이 있는 것, 나의 영혼이다.
이 둘을 합해서 나이다. 이 내가 여래가 되면 바로 곧 내가
아미타 부처님이다.

여래는 아미타불이다. 내가 아미타불이면 내가 곧 극락세
계의 주인공이다.

대승 불교국 일본은 죽은 사람을 '부처님'이라고 부른다.
망상 분별이 끊어졌으니 부처님이 될 수밖에 더 있나.

참 멋있다 멋있어.

# 第十三
## 如法受持分(여법수지분) 법답게 받아 지니다.

爾時 須菩提白佛言 世尊
이시 수보리백불언 세존

當何名此經 我等云何奉持
당하명차경 아등운하봉지

佛告須菩提 是經名爲金剛般若波羅蜜
불고수보리 시경명위금강반야바라밀

以是名字 汝當奉持
이시명자 여당봉지

所以者何 須菩提 佛說般若波羅蜜
소이자하 수보리 불설반야바라밀

卽非般若波羅蜜 是名般若波羅蜜
즉비반야바라밀 시명반야바라밀

須菩提 於意云何 如來有所說法不
수보리 어의운하 여래유소설법부

須菩提白佛言 世尊 如來無所說
수보리백불언 세존 여래무소설

須菩提 於意云何 三千大千世界
수보리 어의운하 삼천대천세계

所有微塵 是爲多不 須菩提言 甚多 世尊
소유미진 시위다부 수보리언 심다 세존

須菩提 諸微塵 如來說非微塵 是名微塵
수보리 제미진 여래설비미진 시명미진

如來說世界非世界 是名世界
여래설세계비세계 시명세계

須菩提 於意云何 可以三十二相 見如來不
수보리 어의운하 가이삼십이상 견여래부

不也世尊 不可以三十二相 得見如來
불야세존 불가이삼십이상 득견여래

何以故 如來說三十二相 卽是非相
하이고 여래설삼십이상 즉시비상

是名三十二相 須菩提 若有善男子善女人
시명삼십이상 수보리 약유선남자선여인

以恒河沙等身命布施 若復有人 於此經中
이항하사등신명보시 약부유인 어차경중

## 乃至受持四句偈等 爲他人說 其福甚多
내지수지사구게등 위타인설 기복심다

〈如法〉 법과 같다가 아니라, 법같이, 진리같이,

불교 수행처에서는, 법 같다. 여법하다 하는 말을 많이 한
다. 훌륭하게 수행하는 수행승을 가리켜서 하는 말이다.

즉 금강반야바라밀경金剛般若波羅密經을 받아 수행하고 그에
이르려는 수행인을 말한다.

그러면 金剛般若波羅密經을 받아서 지니려면 어떻게 해야
하느냐.

1. 나는 말할 수 없는 것을 항상 말하고,

2. 들을 수 없는 것을 항상 듣는다.

그러다 보니 밥 먹고 똥 싸는 것이 다 진리고, 잠자고 노래

부르는 것이 다 진리이다.

종교가 다 죄악시하는 것이 있다. 남자와 여자의 관계다.

기독교에서는 결혼해서 매일 껴안고 붙어서 자식까지 낳아 놓고, 자기들에게 맞지 않으면 죄악이다. 사탄이라고 한다. 거기다 신의 말씀이라는 말만 붙이면 다 통한다.

불교에서는 한 수 더 뜬다. 음행은 절대 금지한다. 그러나 이것은 수행을 위한 금지지 죄악시하지는 않는다. 파계한 것이다. 불교는 그 누구도 벌을 주지 않는다. 수행의 집단 에서 파계승이 되면 수행의 집단에서 떠나면 된다. 그래서 요새는 수행집단이 금기집단이 아니라 자비 포용의 집단으 로 변해간다.

자비 포용의 집단에서는, 사회적 질서를 중심으로 청정무 구한 마음의 형성을 중심으로 변해가고 있다.

금강이란 청정무구한 실체다.

오직 인간이 신보다도 부처보다도 더 무섭다.

악과 선의 창조자는 인간이다. 부처도 신도 악과 선을 창조할 능력이 없다.

어느 신의 종교에서는 하나님이 벌을 준다 하지만 자기들이 정한 것으로 그때그때 자기들 입맛에 맞추어 신의 이름을 팔아먹고 있을 따름이다.

금강반야바라밀경이란 곧 자비의 실천이다.

감싸고 이해하고 포용하는 청정무구의 금강행이 되지 않으면 안 된다.

# 第十四
## 離相寂滅分(이상적멸분) 상을 떠나서 적멸함

爾時 須菩提聞說是經 深解義趣 涕淚悲泣
이시 수보리문설시경 심해의취 체루비읍

而白佛言 希有世尊 佛說如是甚深經典
이백불언 희유세존 불설여시심심경전

我從昔來所得慧眼 未曾得聞如是之經 世尊
아종석래소득혜안 미증득문여시지경 세존

若復有人 得聞是經 **信心淸淨 卽生實相**
약부유인 득문시경 신심청정 즉생실상

當知是人 **成就第一希有功德**
당지시인 성취제일희유공덕

世尊 是實相者 卽是非相 是故如來說名**實相**
세존 시실상자 즉시비상 시고여래설명실상

世尊 我今得聞如是經典 信解受持 不足爲難
세존 아금득문여시경전 신해수지 부족위난

若當來世 後五百歲 其有衆生 得聞是經
약당내세 후오백세 기유중생 득문시경

信解受持 是人卽爲第一希有 何以故
신해수지 시인즉위제일희유 하이고

此人無我相 無人相 無衆生相 無壽者相 所以者何
차인무아상 무인상 무중생상 무수자상 소이자하

我相卽是非相 人相衆生相壽者相卽是非相
아상즉시비상 인상중생상수자상즉시비상

何以故 離一切諸相 卽名諸佛 佛告須菩提
하이고 이일체제상 즉명제불 불고수보리

如是如是 若復有人 得聞是經
여시여시 야복유인 득문시경

不驚不怖不畏 當知是人 甚爲希有
불경불포불외 당지시인 심위희유

何以故 須菩提 如來說第一波羅蜜
하이고 수보리 여래설제일바라밀

卽非第一波羅蜜 是名第一波羅蜜
즉비제일바라밀 시명제일바라밀

須菩提 忍辱波羅蜜 如來說非忍辱波羅蜜
수보리 인욕바라밀 여래설비인욕바라밀

何以故 須菩提 如我昔爲歌利王 割截身體
하이고 수보리 여아석위가리왕 할절신체

我於爾時 無我相 無人相 無衆生相 無壽者相
아어이시 무아상 무인상 무중생상 무수자상

何以故 我於往昔節節支解時
하이고 아어왕석절절지해시

若有我相 人相衆生相壽者相 應生瞋恨
약유아상 인상중생상수자상 응생진한

須菩提 又念過去於五百世 作忍辱仙人
수보리 우념과거어오백세 작인욕선인

於爾所世 無我相 無人相 無衆生相 無壽者相
어이소세 무아상 무인상 무중생상 무수자상

是故 須菩提 菩薩 應離一切相
시고 수보리 보살 응리일체상

發阿耨多羅三藐三菩提心 不應住色生心
발아누다라삼먁삼보리심 불응주색생심

不應住聲香味觸法生心 應生無所住心
불응주성향미촉법생심 응생무소주심

若心有住 卽爲非住 是故 佛說菩薩
약심유주 즉위비주 시고 불설보살

心不應住色布施 須菩提 菩薩 爲利益一切衆生
심불응주색보시 수보리 보살 위이익일체중생

應如是布施 如來說一切諸相 卽是非相
응여시보시 여래설일체제상 즉시비상

又說一切衆生 卽非衆生 須菩提 如來
우설일체중생 즉비중생 수보리 여래

是眞語者 實語者 如語者 不誑語者 不異語者
시진어자 실어자 여어자 불광어자 불이어자

須菩提 如來所得法 此法 無實無虛
수보리 여래소득법 차법 무실무허

須菩提 若菩薩 心住於法 而行布施
수보리 약보살 심주어법 이행보시

如人入闇卽無所見
여인입암즉무소견

若菩薩 心不住法 而行布施
약보살 심부주법 이행보시

如人有目 日光明照 見種種色
여인유목 일광명조 견종종색

須菩提 當來之世 若有善男子善女人
수보리 당래지세 약유선남자선여인

能於此經 受持讀誦 卽爲如來 以佛智慧
능어차경 수지독송 즉위여래 이불지혜

悉知是人 悉見是人 皆得成就無量無邊功德
실지시인 실견시인 개득성취무량무변공덕

〈離相=모양을 떠난다.〉

불교에서 제일 많이 사용하는 말 중에 〈집착을 버려라.〉
〈집착하지 마라.〉 일 것이다.

이 말은 곧, 마음 작용, 그 작용하는 마음의 움직임을 잘 다
스려 자기의 부하로 하라. 하는 말이다. 일체유심조一切唯心造
다 라고 하는 말도 곧 마음의 작용을 의미하기 때문이다.

집착이라는 자체가 마음이 그렇게 되는 것이다. 여기서 상相

자는 모양을 말하는데, 마음 모양, 마음의 활동, 마음의 움직임까지 모두 나라는 것의 집착이 되므로 그 집착하는 마음만 떠나면 고요해진다.

불교가 집착을 버리라고 하니까 사랑을 하지 말라고 하는 것이 아니다. 사업하지 말라는 것도 아니다. 운동경기도 하지 말라는 것도 아니라, 최선을 다하되, 어린아이가 배고파서 세상이 떠나갈 듯 울다가 엄마의 젖을 빨고는 언제 울었느냐는 듯 깔깔 웃듯이, 웃을 때 웃고, 울 때 울더라도 마음에 무겁게 짊어지고 다니지 말라는 것이다.

하지만 일체가 유심조라는 말은, 인간들의 생각, 사고를 중심으로 한 말이다.

메뚜기 입장에서 한 말은 아니다.

소나무 입장에서 한 말은 아니다.

송사리 떼 입장에서 한 말은 아니다.

결국, 이 세상은 인간이 주체다 보니 인간의 입장에서이다.

〈득문시경得聞是經하고 신심청정信心淸淨하면 즉생실상卽生實相=
이 경을 얻어듣고 믿는 마음이 청정하면 곧 실다운 모양이
나타남이라.〉

집착만 버려보아라. 모든 것이 너의 것이다.

〈實相〉 실다운 모양이다. 금강경의 말들은 바로 실다운 모
양을 나타내기 위해서이다. 空이다 無다 해서 금강경이 형
상이 있는 모양을 부정하는 것이 아니다. 거짓 생각, 허상
의 모양에 집착하여 허덕이니까 같은 모양도 허상에 집착
하지 않으며 자기의 현실을 바로 보는 것을 실상이라고 하
게 된다.

바로 본다는 것은 무엇이냐. 빨간 꽃은 빨갛게 보는 것이
바로 보는 것인데 무엇이 잘못되었느냐, 모양만 보는 것이
전부가 아니다. 빨간 꽃도 시들면 검어지고 썩어서 조금 전
까지 있던 꽃은 형체도 없이 사라지는 空의 모양과 같이 보

는 것이다. 그러한 이치까지 보아야 참으로 실상을 볼 수
있다.

길게 보고 끝까지 보아라. 이다.

〈성취희유공덕成就希有功德= 희유하고 신비스러운 공덕을 성
취하는 것이다.〉

〈공덕功德〉 이라는 말에는 양무제와 달마대사와의 대화가
유명하다. 양무제는 절을 짓고 스님들에게 공양을 올리는
등 참으로 복 짓는 일을 많이 했다. 그때 인도에서 도를 깨
친 큰스님(달마)이 오셨다고 하니까 불심 돈독한 양무제가
가만히 있을 리 없다. 정중히 성의를 다 해서 모시고는,

"나, 황제는 절도 많이 건축하고 스님들에게도 수없이 공
양을 올렸습니다. 그 공덕이 얼마나 됩니까."

"공덕은 하나도 없다."

"불교의 최고의 진리는 무엇입니까?"

"확연하게 확-통해서 성인도 범부도 없다."
불교의 이상이 여기서 다 나타난다.

죄와 벌, 전생과 내생, 극락 천당, 인과와 복 등이 확 통해
서 음지도 양지도 없는 곳에 가면, 그 무엇이든지 밝게 보
일 뿐 음지도 죄도 복도 받고 자시고 할 것이 없다. 여기서
〈희유공덕〉이라는 말은 특별히 공덕이라고 말할 것도 없는
확 통한 세상과 마음이 서로 합치된 기쁜 마음이다.

양무제가 본래 공덕이니 공양이니 복이니 하는 것이 자기
생각에 최면화 되어있는 것임을 알고 그 환상에서 벗어날
수 있었으면 신비스럽고 환희스러워 희유한 세상을 얻었으
리라.

하지만 참 웃긴다.
모양을 떠나서 무엇이 있는가.
불교는 마음 모양도 모양이라고 하는데,

그러기에 마음이 없다. 하고 말한다.
그 없다는 것도 마음이 없다는 모양을 만든 것이다.

선문답 중에

옛날 왕상시라고 하는 중국 대신과 목주종 선사와의 일화를 참고해보면 선이, 그리고 불교가 가르치려고 하는 일면을 볼 수 있다.

주지사州知事인 왕상시가 목주선사睦州禪師에게 가르침을 받을 때의 일이다. 하루는 선사가 물었다.

"오늘은 어찌해서 늦게 왔는가."
왕상시가 말했다.
"말축구를 보고 오느라 늦었습니다."
선사가 물었다.
"사람이 공을 쳤는가, 말이 공을 쳤는가."
왕상시가 답했다.
"사람이 공을 쳤습니다."

선사가 말했다.

"사람이 힘들었겠네."

왕상시가 답했다.

"힘들었습니다."

선사가 말했다.

"말도 힘들었을까."

왕상시가 답했다.

"말도 힘들었습니다."

선사는 더욱 다그쳐 물었다.

"노주露柱도 힘들었을까."

왕상시는 곤혹스러워서 답할 수가 없었다. 자기 집에 돌아가서 한 밤중에 홀연히 깨달아지는 것이 있었다. 다음날 선사를 뵙고 말씀드렸다.


"저는 어제 일을 알았습니다."

선사가 말했다.

다짜고짜

"노주露柱가 힘들었을까."

왕상시는 답했다.

"힘들었습니다."

선사는 그곳에서 왕상시를 인정했다.

불안청원선사佛眼淸遠禪師는 이 말을 가지고 말했다.

「이것이야말로 달마대사의 종지宗旨이다. 노주露柱는 공치는 것이 될 수 없는 것인데, 어찌해서 도리어 힘들었는가. 조금씩 이 일을 아는 놈이 있을까. (송頌하기를) 사람이 힘들었고, 말이 힘든 것은, 참으로 힘든 것이 아니다. 노주露柱가 힘든 것이야말로, 처음으로 참으로의 힘든 것이 된다. 한마디에 바로 깨침을 얻는 자는 참으로 복 받는 자이지만, 그러나 말을 가지고 헤아리며 헤매서는 안 된다. 만약 백장百丈이 두 귀가 꽉 막히지 않았었다면, 또한 임제臨濟는 어찌해서 황벽黃檗의 삼돈봉三頓棒을 이해했겠느냐. 모든 사람은 의식 속의 망념을 가지고 달마전래達磨傳來의 참다운 진리인 불법佛法이 이어오고 있겠느냐. 달마達磨의 도道를 지금 사람들은 똥덩이 같이 무관심하게 대하고 있다.」

＊ 왕상시王常侍=「상시常侍」는 황재皇帝의 측용인側用人임을 의미意味하고 관명官名이지만, 임제록「臨濟錄」에 진주부주왕상시鎭州府主王常侍의 이름이 보이는 것과 같이, 당대唐代에

는 주지사州知事를 겸했다. 여기서는 위산潙山 밑의 왕경초 王敬初라고 추정推定되지만, 하북성河北省의 양주襄州와 절강 성浙江省의 목주睦州와는 거리가 너무 멀다.

* 목주종선사睦州禪師=도종道, 도명道明이라고도(생몰년불상生沒 年不詳)한다. 강남江南의 진씨陳氏의 후예後裔. 황벽黃蘗을 이 어서, 절강성목주浙江省睦州의 용흥사龍興寺에 주住하고, 「진 목주陳睦州」라고도 칭했다. 뒤에 향리의 개원開元에 돌아 가, 짚신을 만들어 모母를 봉양奉養하여, 「진포혁陳蒲鞋」이 라고도 불렀다. 임제臨濟, 운문雲門의 이대존숙二大尊宿을 성치成治시킨 것으로도 알려져 있다.

* 마타구馬打毬=말축구. 나무나 마노로 만든 둥근 공.

* 노주露柱=불전이나 법당의 원주圓柱, 또는 전당殿堂 앞 정 원의 좌우에 세워진 기둥을 가리키기도 하지만, 본래는 「閥閱」을 말한다. 「작위爵位가 있는 가문의 밖에 공적功績 을 써서 세운 것으로, 좌左를 閥, 우右를 閱이라고 한다. 기둥의 높이 일장이척一丈二尺, 이주二柱의 간격일장間隔一 丈. 주柱의 上에는 오두鳥頭라고하는 흑염墨染의 와통瓦桶을

놓고, 그 위에 용 모양의 도설을 놓은 것.」(『돈황변문敦煌變文』항초주項楚注)라고 있다.

＊ 蒲부들. 창포. 빼앗을 치, 벗다. 풀다. 벌레이름 도, 곤충이름 설, 멍할 망

– 원연산책

노주와 말과 내가 하나가 되네.
이제 나의 세상이니라.
내가 슬프니 네가 슬프고,
내가 기쁘니 네가 기쁘고,
아니 내가 슬플 때 너는 기쁘고
내가 기쁠 때 너는 슬프다고.
그러나 대들보는,
내가 슬플 때 같이 슬프고,
내가 기쁠 때 같이 기쁘다.

＊ 이는 선이 갖는 진미를 잘 나투는 공안이다.

노주가 피곤한 줄을 알면
아무 관계가 없는 노주가 피곤할 줄을 알면
아무 관계가 없는 김 서방이 피곤한 줄을 알면,
아무 관계가 없는 멍멍이가 피곤한 줄을 알면,

우주와 자기가 함께하는 근본 실상, 근본 모습이
자기가 서 있는 곳임이 보인다.


\*\*\*


불교는 고뇌(괴로움)를 해결하는 종교다.


괴로움을 해결하는 방법, 순간적인, 그래서 잠시의 환상에
현혹되면, 그 순간은 잊어버리고 황홀에 빠진다. 그 괴로움
의 주 범인은 나이기 때문이다. 아무 생각도 없는 노주와
내가 함께하면 나는 나로 대 우주와 같이하기에 비상이 독
약이지만 몇만 분의 1%만 되면 나에게 없어서는 아니 되는
생명의 구성원이 되는 것과 같다.

# 第十五
## 持經功德分(지경공덕분) 경전을 수지독송하는 공덕

須菩提 若有善男子善女人 初日分
수보리 약유선남자선여인 초일분

以恒河沙等身布施 中日分
이항하사등신보시 중일분

復以恒河沙等身布施 後日分
부이항하사등신보시 후일분

亦以恒河沙等身布施 如是無量百千萬億劫
역이항하사등신보시 여시무량백천만억겁

以身布施 若復有人 聞此經典 信心不逆
이신보시 약부유인 문차경전 신심불역

其福勝彼 何況書寫受持讀誦 爲人解說
기복승피 하황서사수지독송 위인해설

須菩提 以要言之 是經有不可思議
수보리 이요언지 시경유부가사의

不可稱量無邊功德 如來爲發大乘者說
불가칭량무변공덕 여래위발대승자설

爲發最上乘者說 若有人能受持讀誦
위발최상승자설 약유인능수지독송

廣爲人說 如來悉知是人 悉見是人
광위인설 여래실지시인 실견시인

皆得成就不可量不可稱無有邊不可思議功德
개득성취불가량불가칭무유변불가사의공덕

如是人等 卽爲荷擔如來阿耨多羅三藐三菩提
여시인등 즉위하담여래아누다라삼먁삼보리

何以故 須菩提 若樂小法者
하이고 수보리 약요소법자

著我見人見衆生見壽者見 卽於此經
착아견인견중생견수자견 즉어차경

不能聽受讀誦 爲人解說 須菩提
불능청수독송 위인해설 수보리

在在處處 若有此經 一切世間天人阿修羅
재재처처 약유차경 일체세간천인아수라

所應供養 當知此處 卽爲是塔 皆應恭敬
소응공양 당지차처 즉위시탑 개응공경

**作禮圍繞 以諸華香 而散其處**
작례위요 이제화향 이산기처

___

확 통해서 아무것에도 걸림이 없는 가르침을 받아 자유자
재한 마음이 된 경의 공덕

인간은 살면서 걸리는 것이 많다. 부모에 걸리고 자식에 걸
리고, 결혼하면 남편에 걸리고 마누라에 걸리고, 그 걸리고
걸리는 것이 세상의 윤리를 형성했다.

불교를 믿는 사람들이 공덕을 쌓고 복을 짓는다고 한다.

우주는 내 것이다. 그러니 그 우주 속에 있는 조그마한 지
구야말로 두말할 것 없이 내 것이다. 문제는 저 조그마한
남자를, 저 조그마한 여자를 내 것인데, 특히 내가 낳은 자
식인데, 그래서 내 것을 내가 차지하려고 하는데 안 되니까
괴로운 것이다.

극락의 반대가 지옥이다. 지옥은 괴로운 것이니까 내가 수

행을 해서 개개가 불성이 충만하게 가지고 있음을 확실히
알아 개개의 불성이 충만하므로 너도나도 함께 존중하고
받드는 것이다. 개개를 존중하고 받드는 방법이 대승이다.
그래서 최상승이라고도 한다.

〈대승大乘을 발發하는 사람은, 최상승最上乘을 발發하는 사람
이니라.〉

결국은 대승이다. 처음 불교가 성립될 당시는, 어떠한 승단
이라든가 구성된 체계가 있었던 것이 아니다. 하나씩 하나
씩 부처님 말씀이 법[진리]이었고, 행위의 규정이었고, 진리
였다. 그러다 보니 부처님을 흠모하고 따르는 무리가 불교
라는 조직으로 구성되면서 불교라는 집단이 창시되었다.

지금과 같이 어떠한 단체나 사업체를 구성하기 위해서 거
기에 전문가라든가 적절한 사람들을 모아서 구성한 것이
아니다. 오직 부처님을 존경하고 흠모하던 무리가 자연히
모여 형성된 단체이다.

그 후 부처님이 열반하자 부처님을 흠모하고 따르던 단순한 무리의 집단에서

〈부처님이 무엇을 말씀했나.〉

하며 그 부처님의 말씀을 정리하고 사상을 받들고 이어나가는 단체로 자리 잡기 시작했다. 즉 부처님의 말씀이 종교단체로 변화하기 시작한 것이다.

이에 부처님과 동고동락하며 보냈던 시절을 절대 흠모하며 변해가는 시대나 사회를 수용하지 못하는 무리와 부처님이 말씀하신 그 본뜻을 생활화하려는 무리가 생겼다. 그래서 부처님의 본뜻을 받들어 시대에 맞추어 가며 실천해야 한다는 무리와 그렇지 못한 측과 자연히 갈라지게 된 것이다.

이 갈라지는 과정에서 부처님의 시기와 그 향수가 사라지지 않은 시기를 원시불교라고 하며
대승 쪽에서 소승이라고 부르게 되었고, 그 후 부처님의 참다운 뜻은 무엇인가, 하면서 중생들과 같이하자는 무리를

대승이라고 부르게 되었다.

〈대승〉이란 부처님의 근본 사상을 나타낸다. 그렇다고 소승에 부처님의 근본 사상이 없는 것을 의미하는 것이 아니다. 수레를 비유해서 사람이 많이 탈 수 있는 큰 수레와 자기만이 타는 작은 수레를 비유한 것이므로, 활동 면에서 차이가 보이는 것이다.

대승은 자기만이 수행하여 깨쳐서 자기만이 만족하는 절대 인격을 완성하는 데 목적을 두는 것이 아니고, 상구보리 하화중생이라고 말하는 것과 같이 자기도 갈고 닦아 수행함은 물론, 바른 불교의 삶을 모르는 중생들도 가르치고 이끌어 바른 삶의 본질에 이르도록 하자는 것이 주목적이기에 사상 면에서는 부처님의 뜻에 더 가깝다고 할 수 있다.

그래서 대승을 발하는 자는 최상승이 된다 하는 것이다.

# 第十六
## 能淨業障分(능정업장분) 능히 업장을 깨끗이 하는 것

復次 須菩提善男子善女人 受持讀誦此經
부차 수보리선남자선여인 수지독송차경

若爲人輕賤 是人先世罪業 應墮惡道
약위인경천 시인선세죄업 응타악도

以今世人輕賤故 先世罪業 卽爲消滅
이금세인경천고 선세죄업 즉위소멸

當得阿耨多羅三藐三菩提 須菩提
당득아누다라삼먁삼보리 수보리

我念過去無量阿僧祇劫 於然燈佛前
아념과거무량아승지겁 어연등불전

得値八百四千萬億那由他諸佛 悉皆供養承事
득치팔백사천만억나유타제불 실개공양승사

無空過者 若復有人 於後末世 能受持讀誦此經
무공과자 약부유인 어후말세 능수지독송차경

所得功德 於我所供養諸佛功德 百分不及一
소득공덕 어아소공양제불공덕 백분불급일

千萬億分 乃至算數譬喻所不能及
천만억분 내지산수비유소불능급

須菩提 若善男子善女人 於後末世
수보리 약선남자선여인 어후말세

有受持讀誦此經 所得功德 我若具說者
유수지독송차경 소득공덕 아약구설자

或有人聞 心卽狂亂 狐疑不信 須菩提
혹유인문 심즉광난 호의불신 수보리

當知 是經義 不可思議 果報亦不可思議
당지 시경의 불가사의 과보역불가사의

---

불교는 담박하다.

받을 것 다 받는다.

주는 것은 상대방이 있으니까 차이가 있지만

받을 건 내가 받는 것이니까 어떠한 대가라도 다 받는다.

그때 보리심이 나타난다.

해설에 無我에 달관한 사람은 귀하다고 즐거워하지 않는

다. 천하고 업신여긴다고 해도 내가 전생에 지은 빚을 갚는 것이니 달갑게 받아들인다. 부처님이 나에게 약속했음을 철저히 믿어 흔들림 없으면 수행해 통달하지 못해도 그러한 마음만 굳건하면 극락이 그곳에 있다.

〈業〉 불교는 이 업이라는 말로 신앙심을 이끌어 낸다. 불교의 수행이 이 업을 초월하는데 두고 있어서인지 수행자들은 이 업에 대해서 무시하는 말을 서슴없이 하기도 한다. 그래야 업을 초월한 것 같이,

업이란 습관적 행위라고 할 수 있다. 습관이라 길든 행위이다. 인간은 이 길든 자기 행위에 고통스러워하고 괴로워하며 고뇌한다. 그에 대표적인 것이 저 스스로 사랑을 하고 그 사랑에 괴로워하는 것과 같다. 그러나 실체는 영원히 불변하는 자성을 가지고 있는 것도 아니다. 본질이라고 할 것 같으면, 수시로 찰라 간에 변해가는 것뿐인데, 그 찰라 간에 변해가는 실체를 붙잡고 내 생각을 고정해 놓았기 때문에 아무리 고정화해 놓아도 고정될 수 없는 변화에 괴로워하는 것이다. 그래서 업장業障이라는 말로 표현하는 것이다.

업장이란, 업을 행위로 본다면, 업을 막고 장해하며 통하지 못하게 하는 것이므로 즉, 업에 의해서 자기 인생이 자유스럽지 못하고, 고통도 그 업에 의해서 나타나는 것이다.

업이 장애를 일으키지 않으면 업이 맑아지는 것이다. 물도 막히고 고여 있으면 썩고 만다. 흐르고 흐르면 정화된다.

〈정淨=맑을 정〉 불교에서의 맑을 淨자는 모든 사물에 통달하여 마음에도 사물에도 통달하여 어떠한 이치에도 막힘이 없고 활연히 통하는 허공과 같은 맑음이다. 그러면 어떻게 되느냐. 모든 게 보인다. 모든 게 보이니 불안이 없어지고 감각이 안정되어, 유능하고 정직하며 상냥한 말씨에 부드러운 웃음, 탐심이 없어지고 만족할 줄 안다. 그때 자비심이 나타나는 것이다. 극락이 장엄 되는 것이다.

물이 고여서 멈추지 않고 흐르고 흐르면 맑아지는 이치와 같다.

〈선세죄업先世罪業 응타악도應墮惡道=전생에 지은 업으로 응당히 악도에 떨어진다.〉 인과를 받는 것이다.

지옥에 떨어질 것인가. 안 떨어질 것인가. 그게 문제로다.

그러면 지옥이 없다면, 걱정 안 해도 된다. 그렇게 되면 극락도 없으니 어떻게 되지. 내가 극락이 되면 되지. 간단하다. 간단해.

말세는 현실이 말세다. 삼천 년 전에도 일만 년 전에도, 또한 극락도 앞으로 오는 세상에 있는 것이 아니라 현재 이곳이 극락이다.

악은 누가 만들었고, 죄는 누가 지었는가. 만든 사람도 없고 지은 사람도 없거늘, 스스로 길들여 소꿉장난하는 것과 같다.

어린이도 할 수 있는 그 소꿉장난을 하는 것이다.

第十에 극락세계를 그려놓은 곳이 있다. 그 글을 읽고 90

일간 아미타불 염불을 일념으로 칭명하면 아이 같은 소꿉
장난이 참으로 극락세계가 된다.

# 第十七
## 究竟無我分(구경무아분) 궁극엔 나라는 것이 없다.

爾時 須菩提白佛言 世尊
이시 수보리백불언 세존

善男子善女人 發阿耨多羅三藐三菩提心
선남자선여인 발아누다라삼먁삼보리심

**云何應住 云何降伏其心** 佛告須菩提
운하응주 운하항복기심 불고수보리

善男子善女人 發阿耨多羅三藐三菩提心者
약남자선여인 발아누다라삼먁삼보리심자

當生如是心 我應滅度一切衆生
당생여시심 아응멸도일체중생

滅度一切衆生已 而無有一衆生實滅度者
멸도일체중생이 이무유일중생실멸도자

何以故 須菩提 若菩薩
하이고 수보리 약보살

有我相人相衆生相壽者相 卽非菩薩
유아상인상중생상수자상 즉비보살

所以者何 須菩提 實無有法
소이자하 수보리 실무유법

發阿耨多羅三藐三菩提者
발아누다라삼먁삼보리자

須菩提 於意云何 如來 於然燈佛所
수보리 어의운하 여래 어연등불소

有法得阿耨多羅三藐三菩提不
유법득아누다라삼먁삼보리부

不也世尊 如我解佛所說義 佛於然燈佛所
불야세존 여아해불소설의 불어연등불소

無有法得阿耨多羅三藐三菩提
무유법득아누다라삼먁삼보리

佛言 如是如是 須菩提
불언 여시여시 수보리

實無有法如來得阿耨多羅三藐三菩提
실무유법여래득아누다라삼먁삼보리

須菩提 若有法如來得阿耨多羅三藐三菩提者
수보리 약유법여래득아누다라삼먁삼보리자

**然燈佛** 卽不與我受記 汝於來世
연등불 즉불여아수기 여어내세

當得作佛 號釋迦牟尼
당득작불 호석가모니

以實無有法得阿耨多羅三藐三菩提 是故
이실무유법득아누다라삼먁삼보리 시고

然燈佛 與我受記 作是言 汝於來世
연등불 여아수기 작시언 여어래세

當得作佛 號釋迦牟尼 何以故
당득작불 호석가모니 하이고

如來者 卽諸法如義 若有人言
여래자 즉제법여의 약유인언

如來得阿耨多羅三藐三菩提 須菩提
여래득아누다라삼먁삼보리 수보리

實無有法佛得阿耨多羅三藐三菩提
실무유법불득아누다라삼먁삼보리

須菩提 如來所得阿耨多羅三藐三菩提
수보리 여래소득아누다라삼먁삼보리

於是中 無實無虛 是故 如來說 一切法
어시중 무실무허 시고 여래설 일체법

皆是佛法 須菩提 所言一切法者
개시불법 수보리 소언일체법자

卽非一切法 是故 名一切法
즉비일체법 시고 명일체법

須菩提 譬如人身長大 須菩提言 世尊
수보리 비여인신장대 수보리언 세존

如來說人身長大 卽爲非大身 是名大身
여래설인신장대 즉위비대신 시명대신

須菩提 菩薩亦如是 若作是言
수보리 보살역여시 약작시언

我當滅度無量衆生 卽不名菩薩
아당멸도무량중생 즉불명보살

何以故 須菩提 實無有法名爲菩薩
하이고 수보리 실무유법명위보살

是故 佛說一切法 無我無人無衆生無壽者
시고 불설일체법 무아무인무중생무수자

須菩提 若菩薩作是言
수보리 약보살작시언

我當莊嚴佛土 是不名菩薩 何以故
아당장엄불토 시불명보살 하이고

如來說莊嚴佛土者 卽非莊嚴 是名莊嚴
여래설장엄불토자 즉비장엄 시명장엄

須菩提 若菩薩 通達無我法者
수보리 약보살 통달무아법자

如來說名眞是菩薩
여래설명진시보살

〈云何住 云何降伏其心=어떻게 그 마음을 갈무리해 가질 것이며, 어떻게 그 마음을 다스릴 것이냐.〉

〈然燈佛〉 연등불은 수억만 겁 전, 우주가 형성되기 전의 부처님이다. 그 먼 옛날의 부처님이 현재 나의 눈앞에 나타나니, 바로 이곳이 부처님 세상이다. 그 세상의 이름은 아누다라삼먁삼보리라 하느니라.

그 연등불은 아누다라삼먁삼보리 세상에서 부처님의 이름
을 팔만 사천 가지로 지어놓고 개인 개인에게 지어 붙여진 이
름을 〈개똥이 부처님〉〈말순이 부처님〉이라며 부처님의 이름
으로 하였다. 왜냐하면, 아누다라삼먁삼보리 세상에서는 별
도로 실다움도 실답지 못함도 두지 않기 때문이다. 또한, 우
주 자체가 부처님의 몸뚱이이기 때문에 크다거나 작다거나,
그 자체가 부처님의 세상이라 바로 부처님의 장엄이다.

수천만억 전에 우주부처님이 처음 생겼을 때, 그 모양이 얼
마나 멋있었겠느냐. 우주가 그대로 부처님이지, 아누다라
삼먁삼보리지,

나라는 것이 없다고 하는 것도 이상하다.

그곳에는 있고 없고가 없기 때문이다.

항복시키고 항복시켜라.

세상을 항복시키는 침입자를 항복시키는 것이 아니다.

자기 본인을 항복시키는 것이다.

나라는 생각을 항복시켰을 때 부처님이 말씀한 세상이 보인다.

호화스러운 왕자의 자리
아리따운 여인들의 모습

화려하고 맛있고 편안한 세상의 유혹을 항복시킨 것이다.

항복시켜라.

부처님이 성불에 이르렀을 때 마구니들을 항복시킨 건, 마구니가 아니라 자기 마음을 항복시킨 것이다.

자기를 항복시키려면 어떻게 해도 더는 어찌할 수 없는 막바지 절대절명의 궁지에 몰려 더 이상 숨도 쉴 수 없을 만큼 앞뒤가 꽉 막혔을 때 포기하지 않고 그곳에서 솟아났을 때, 세상을 항복시키고, 자기가 세상의 주인이 되는 힘이

나온다.

마치 고양이 앞에 쥐가 더는 벗어나지 못했을 때 죽음에 나아가는 안간힘 그때 나오는 힘이어야 한다.

세상을 살아 죽음에 이르러 보아라.

더 살려고 해도 더 살 수 없고 모든 것이 스스로 자연으로 돌아갔을 때를 상상해 보아라.

부처님도 신도 없는 그곳에 너 홀로 돈독하게 돈독해지느냐 환희로 가느냐 슬프고 안달하며 몸부림치다 가느냐. 그것뿐이지 않느냐.

# 第十八
## 一體同觀分(일체동관분) 한 몸으로 같게 봄

須菩提 於意云何 如來有肉眼不 如是 世尊
수보리 어의운하 여래유육안부 여시 세존

如來有肉眼 須菩提 於意云何 如來有天眼不
여래유육안 수보리 어의운하 여래유천안부

如是世尊 如來有天眼 須菩提 於意云何
여시세존 여래유천안 수보리 어의운하

如來有慧眼不 如是世尊 如來有慧眼
여래유혜안부 여시세존 여래유혜안

須菩提 於意云何 如來有法眼不
수보리 어의운하 여래유법안부

如是世尊 如來有法眼 須菩提 於意云何
여시세존 여래유법안 수보리 어의운하

如來有佛眼不 如是 世尊 如來有佛眼
여래유불안부 여시 세존 여래유불안

須菩提 於意云何 恒河中所有沙
수보리 어의운하 항하중소유사

佛說是沙 如是世尊 如來說是沙
불설시사 여시세존 여래설시사

須菩提 於意云何 如一恒河中所有沙
수보리 어의운하 여일항하중소유사

有如是等恒河 是諸恒河所有沙數佛世界
유여시등항하 시제항하소유사수불세계

如是寧爲多不 甚多世尊 佛告須菩提
여시영위다부 심다세존 불고수보리

爾所國土中 所有衆生 若干種心 如來悉知
이소국토중 소유중생 약간종심 여래실지

何以故 如來說諸心 皆爲非心 是名爲心
하이고 여래설제심 개위비심 시명위심

所以者何 須菩提 過去心不可得
소이자하 수보리 과거심불가득

現在心不可得 未來心不可得
현재심불가득 미래심불가득

같다. 같다. 같다.

세상을 하나로 보라.

그렇게 보려면 우주와 내가 하나가 되면 되지 않느냐. 실질
적으로 하나이니까.

금강경은 실질적인 것을 말하는 것뿐이다.

〈오안五眼=다섯 가지 눈〉

눈에는 천안, 육안, 법안, 혜안, 불안, 다섯 가지가 있다.

자기가 세상일을 다 알고 보려고 하면 공연히 허둥대고 고
달파지기만 한다. 보이는 것, 만법을 하나로 뭉쳐서 닦으면
자기를 깨치게 된다.

불교를 배운다는 것은, 자기를 배우는 것이 되고, 자기를
배운다는 것은, 자기를 안다는 것이 되고, 자기를 안다는
것은 만법, 사회, 세상의 이치를 통틀어 알게 되어 처처가
극락세계가 된다.

그래서 천안, 육안, 법안, 혜안 합해서 전체를 보는 눈이 불안이다.

불안은 일체를 통틀어서 그 근본의 성품을 밝게 보는 것으로 부처님의 눈이다.

〈과거심불가득過去心不可得이며 현재심불가득現在心不可得이며 미래심불가득未來心不可得이라.=과거의 마음으로도 얻을 수 없고, 현재의 마음으로도 얻을 수 없으며, 미래의 마음으로도 얻을 수 없다.〉

이것은 금강경의 유명한 글이다. 인간의 마음 모습을 이렇게 확실하게 표현한 말도 동서고금을 통해서 없다.

〈과거심〉 우리는 항상 다시는 오지 않는 과거 속에 살고 있다고 할 수 있다. 그러나 내 몸뚱이 내 생각은 현재 진행형이다. 실속 없이 이미 존재하지 않는 과거의 생각에 부심하고 있다.

〈현재심=지금 현재의 마음〉 실질적으로 존재하고 있는 것은 현재의 지금 이 순간밖엔 없다. 그런데 아침에 일어났던 일, 낮에 누구와 만나고, 그와 어떻게 해야 하겠다는 등, 대부분이 과거 미래의 생각에 꽉 차 있어서 실질적 현재의 생각은 항상 비어있어 아무 생각 없이 멍한 이 순간이다.

〈미래심〉 우리는 대부분이 미래를 위한 구성된 생각으로 현재를 움직인다. 이러한 생각이 없으면 내 생활의 질서를 구성하며 중심을 잡을 수 없다.

〈불가득〉 그렇다면 무엇이냐. 실질적으로 내 몸뚱이 내 마음 덩어리는 현재의 지금에 있으면서, 과거에 가서 허우적대고, 미래에 가서 구름 잡고 있는 것 아닌가.

진정한 너의 마음은 무엇이냐. 동서고금 진리를 말하는 모든 철학이나 학문이나 종교가 다 이것을 말한다하나 한 알을 집어삼키면 궁금증이 확 풀릴 뚜렷한 묘약이 없다. 그렇지만 진정 그를 찾고자 하면 만 척의 장대 꼭대기에서 한 발짝 나아가 보아라.

얻으려고 하지 마라. 얻으려 하니까 문제가 생긴다. 그렇다고 얻지 않으려 하면 너만 손해 본다. 손해 보지 않는 방법은 과거, 미래, 현재를 하나로 합치는 것이다. 열심히 현재에 살지만, 대장장이는 이 쇠붙이를 녹여 두드리며 무엇이 될 거라는 것을 생각하고 땀을 흘려 일한다. 이 속에는 과거의 경험이나 배움과 앞으로의 쓸모와 현재의 일이 같이한다.

세상을 하나로 보라.
말은 멋있는 것 같은데 실지는 그렇지 않다.
그런데 하나 그와 비슷하게 되는 것이 있다. 세상까지는 안 가도 암컷과 수컷이 붙어 있을 때, 둘이 하나로 합체가 되어 한 몸뚱이가 된다.
그러면 시간을 하나로 보아라.
과거 현재 미래를 하나로 하면 현재 지금밖엔 없다.
여기에 시간과 공간을 하나로 보면 어떻게 될까.
시간과 공간이 합체가 될 때
바로 이곳 나이다.
나는 시간과 공간이 합체해서 잉태한 존재물이다.

그래서 시간만 가지곤 존재할 수 없고
공간만 가지고도 존재할 수 없다.

# 第十九
## 法界通化分(법계통화분) 법계를 다 교화하다.

須菩提 於意云何 若有人
수보리 어의운하 약유인

滿三千大千世界七寶 以用布施
만삼천대천세계칠보 이용보시

是人 以是因緣 得福多不
시인 이시인연 득복다부

如是世尊 此人 以是因緣 得福甚多
여시세존 차인 이시인연 득복심다

須菩提 若福德有實 如來不說得福德多
수보리 야복덕유실 여래불설득복덕다

以福德無故 如來說得福德多
이복덕무고 여래설득복덕다

〈法界〉란 진리의 세계이다. 그 세계의 한정은 어디까지이
냐. 우주 전체이다. 우주 전체 그 어떠한 세계에도 법의 진
리, 법의 작용에 조금도 잘못된 곳이 없다.

인간의 잘못은 모양[相]을 만들어 네 것 내 것 구별하면서 진리라 하면서 집착한데 잘못이 자리 잡기 시작했다.

하지만 법계라는 말은, 우주 법계에 진리 아닌 것이 하나도 없다는 이야기이다.
또한, 이것은 불교가 말해서 그런 것이 아니라 사실이 그렇다.

〈이시인연以是因緣으로 득복심다得福甚多이다.=이러한 인연으로 복을 얻음이 매우 많다.〉

인연이 있느냐, 없느냐.

인연이란 본래 있는 것이 아니다. 정해진 인연이 없다.
인간은 무슨 일을 하다가 자기 뜻대로 안 되면 인연 탓을 한다. 하지만 인연이라는 것이 그러한 것도 되지만 정해진 인연은 없다. 자기가 지어서 만든 것이다. 첫째 나라의 인연이나 부모의 인연을 말할 수 있다. 이러한 인연은 끝없는 세월 동안 자기라는 작용이 있었다. 그 작용이 정해진 것이 없다는 것뿐이다. 그래서 인연이란 정해진 것이 아니

라 어떠한 물질과 물질이 서로 만남으로 돌연변이로 새로
운 형태의 물질이 형성된다. 그 새로 형성된 물질은, 그 물
질의 습성을 존속시키며 세월 따라, 곳에 따라 타협하며
변해간다.

그 타협하는 과정이 자기와 동일성을 가지며 엉켜지려고
하는 작용에 이끌린다. 그 물질의 습성을 존속하려는 같은
습성끼리 자석과 같이 끌리는 부분들이 인연을 형성한다.

〈布施〉 그 끌리는 인연들, 서로 복이 되는 인연으로 장엄해
야 한다. 복이 되는 인연을 장엄하려면, 나만이 아니라 너
도 같이 나누는 세상을 꾸미는 것이다.

도통한 스님에게

"깨친 사람은 어디로 갑니까?" 하고 물으니

"골짜기 눈먼 할메집에 머슴이 되어 소나 몰고 다니겠다."

"저는 어떻게 해야 합니까"

"저 108층짜리 빌딩 속에 108년간 시집 못 간 처녀가 있다.
바로 그 처자가 너를 기다리고 있다."

법계法界는 광활해서 너의 몸뚱이 하나로는 부족하지만, 마
음하고는 적지도 크지도 않아 안성맞춤이니라.

어떠한 언어에 갇혀 감옥을 만들지 마라.

# 第二十
## 離色離相分(이색이상분) 빛깔과 모양을 떠나다.

須菩提 於意云何 佛可以具足**色身**見不
수보리 어의운하 불가이구족색신견부

不也世尊 如來不應以具足色身見
불야세존 여래부응이구족색신견

何以故 如來說具足色身 卽非**具足色身**
하이고 여래설구족색신 즉비구족색신

是名具足色身 須菩提 於意云何
시명구족색신 수보리 어의운하

如來可以具足諸相見不 不也世尊
여래가이구족제상견부 불야세존

如來不應以具足諸相見 何以故
여래부응이구족제상견 하이고

如來說諸相具足 卽非具足 是名諸相具足
여래설제상구족 즉비구족 시명제상구족

떠나지 마라, 떠날 곳이 없다. 떠나서 우리는 어디로 간단 말인가.

〈리離〉 떠난다고 하기보다는 벗어난다고 새기는 것이 좀 나을 것 같다.

불교는 이 떠날 리離자를 많이 사용한다. 어떠한 법문이건, 떠나라, 집착하지 마라, 벗어나라, 하는 내용이 많이 차지한다.

그러면 떠나고 벗어나서 어디로 간단 말인가. 별도로 갈 곳이 있나. 없다, 없다. 우주대천 세계가 다 내 집이고 내 몸뚱이인데 어디로 간단 말인가. 죽어서도 가야 하는 곳, 바로 나한테로 돌아오는 것이다. 우리는 떠나지지가 않는 것이다.

그런데 떠나서 가는 곳이 있다. 망상과 번뇌의 세계이다. 그 망상과 번뇌의 세계를 극락으로 하면 되지 않느냐. 간단하지 않니. 그 간단한 것을 못하는 것을 어리석음이라 하는 것이다.

〈색色〉=형상 있는 것, 색깔 있는 것, 형체가 있는 것, 그것을 색이라 한다. 불교는 마음이나 정신 작용을 색깔로 보기도 하고 모양으로 보기도 하니까. 마음의 모양, 마음의 형상, 마음의 형체, 마음의 생각들을 색이라 나타내기도 한다. 그러니까 마음을 어떠한 형태로 형용할 때 사랑하는 마음 등과 같이, 〈빛깔 色자를 가지고 자주 형용한다.〉

〈상相〉 역시 마음의 모양을 나타내는 수가 많으므로 색과 같게 생각하면 된다. 물론 물질적 모양을 주로 상이라고 표현하지만, 불교는 물질의 형상보다는 마음의 형상. 마음가짐을 중심으로 나타낸다.

금강경에서는 주로 이름을 지어 붙인 모양을 가리키는 수가 많다. 갑돌이라든가 갑순이라든가, 어느 나라 어느 민족, 현상으로 나타난 것은 이름 붙여지지 않은 것이 거의 없을 정도다.

여기서 해석하자면, 우리가 편리하게 구별하기 위해서 모든 것에 이름을 지었지만, 이름에 끌려다니지는 말라는 것이다. 그래서 편리하게 사용하되 그 이름에 집착하고, 그 이름에 지배당하지는 말라는 것이다.

〈구족색신具足色身=색신을 구족하다.〉

우주 법계를 다 내 것으로 한다. 내 것으로 할 때, 다 갖추어진다. 그런데 나에게는 본래 다 갖추어져 있는 것이다. 특별히 갖추어져야 하는 것이 아니라 다 갖추어져 있는데 무엇이 문제냐? 우리는 모두 다 무심히 살아가고 있다. 불교를 몰라도, 신을 몰라도, 모두 지금까지 잘 살아왔다. 살면서 좀 고뇌가 있을 수 있다. 사랑도 하고 미워도 하면서, 그런데 어떻단 말인가. 지금까지 잘 살아오지 않았느냐. 실은 여기서부터 문제가 되는 것이다.

놓아라, 놓아라, 놓아라. 그러면 되는 것인데, 우리는 부처를, 신을 없는 것으로 하지 못하는 것이다. 그래서 극락세계를 가려고 하는 것 아닌가, 극락에 가는 차표는 무와 공이다.

〈색신=물질적 존재로서 형체가 있는 몸, 곧 육체. 구족색

신具足色身=구족색신이라 하면 석가모니와 같이 32 상호를
완벽하게 갖춘 몸〉

경전에서는 석가모니와 같이 육체의 모양을 다 완벽하게
갖춘 모양을 말하지만, 그것이 완벽하려면 마음의 모양이
그와 같이 되어야 한다.

# 第二十一

## 非說所說分(비설소설분) 설함과 설하여질 것이 아님=
## 말하였으나 말한 것이 아니다.

須菩提 汝勿謂如來作是念 我當有所說法
수보리 여물위여래작시념 아당유소설법

莫作是念 何以故 若人言如來有所說法
막작시념 하이고 약인언여래유소설법

即爲謗佛 不能解我所說故
즉위방불 불능해아소설고

須菩提 說法者 無法可說 是名說法
수보리 설법자 무법가설 시명설법

爾時 慧命須菩提 白佛言
이시 혜명수보리 백불언

世尊頗有衆生 於未來世 聞說是法 生信心不
세존파유중생 어미래세 문설시법 생신심부

佛言 須菩提 彼非衆生 非不衆生
불언 수보리 피비중생 비불중생

**何以故 須菩提 衆生衆生者**
하이고 수보리 중생중생자

**如來說非衆生 是名衆生**
여래설비중생 시명중생

---

부처님이 말씀한 것을 진리라 하고 *法*이라 통칭한다.

그래서 부처님에게 당신은 진리를 말씀하셨습니까? 하고
물으면 당연히 진리를 말한 것이 아니다. 우리가 있는 모습
그대로를 말하는 것이다. 하고 답하는 것이 당연하다. 왜냐
하면, 진리는 특별한 것이 아니기 때문이다. 보편적이고 항
상 있는 것, 그것이 진리다. 만일에 특별한 것이 있으면 내
가 부처님 자손이니까 특허를 내서 말하는 것이 된다. 이처
럼 특별한 것이 있는 것 같이 말하는 사람이 있다. 그건 사
기다.

특별하게 신통 부리는 불보살이 있고, 절대적 신이 있어 죄
와 벌을 내리는 것 같은 행위나 말들은 인간을 현혹하는 최
면사들 뿐이다. 그렇게 신통방통한 척하는 사람이 있으면

모두가 최면을 거는 사기꾼으로 보아야 한다.

불교는 모두가 주인이다. 부처님이 주인이라고 하는 것은 부처님도 세상에 존재하는 것 모두가 개인 개인이 다 주인 공이기 때문에 주인공이라 말하는 것이다. 자기가 스스로 주인공으로 성숙하여 승화되지 못하면, 소나 말 같이 질질 끌려다니며 꼭두각시가 되는 것뿐이다.

〈衆生〉

범부중생이라고 해서 보편적 인간을 말한다.

범부보다 더 훌륭한 사람 없다.

부처나 신이라고도 말하지만 범부를 떠난 신도 부처도 없다.

오직 인간 스스로 자기가 불안하여 신을 찾고 부처를 찾는다.

그러나 불안해하지 마라.

그 누구도 그대를 대신 할 존재는 없다.

부처는 부처의 세계가 있어 그 누구도 대신 할 수가 없고,

신은 신의 세계가 있어 그 누구도 신을 대신 할 수가 없고,

남편은 남편의 세계가 있고,

마누라는 마누라의 세계가 있고,
자식은 자식대로 부모는 부모대로 대신하고 싶어도 대신이
안 된다.

중생도 또한 각자의 세계가 있어 그 누구도 나 하나만의 중
생을 대신 할 수가 없다. 우리가 굼벵이 한 마리도 대신 할
수 없는 것과 같다.

오직 중생이라는 정의는 불교적으로 말한다면 극락세계를
가려고 허덕이는 사람이다.

하지만 그것도 자기대로 성숙하면 극락세계나 나의 세계가 둘이 아님을 알게 된다. 불교가 진실하다고 말하는 것도, 바름을 가르친다는 것도 바로 이 말이다. 사기꾼들의 환상에서 벗어나도록 하기 때문이다.

지금으로부터 2500년 전 세계의 사람들은 참다운 진리에 대해서 많은 관심을 가졌던 것 같다. 관심을 두는 것은 좋으나 조금 영리한 무리는 신의 말씀이라고 하는 것을 들고 나와 사람을 현혹했던 것이다. 이것은 한두 사람이 아니었다. 지금도 인도 같은 나라에서는 마술사들이 나와 사람들을 모아 놓고 신이라 선전하지 않는가. 그 현혹당하는 사람들을 바르게 알도록 석가모니는 49년 동안 설법을 한 것이다.

예를 들면 지금부터 400여 년 밖에 안 되는 잉카문명의 발상지에 서양 사람들이 시커먼 군함을 몰고 멕시코만에 정박하자 크고 큰 신이 나타난 줄 알고 그 앞에 무릎을 꿇고 예배를 하자 그 무리에게 총을 겨누고 진기한 금은보석들을 빼앗아 가지 않았던가. 그뿐 만인가 꿩 먹고 알 먹는다는 식으로 땅까지 빼앗아 식민지로 하고 그들을 개나 소보다도 더 하찮게 취급하지 않았던가. 이것은 다 400년 전의 일이다. 2500년 전에는 더 말할 필요도 없었을 것이다. 부처님 당시는 바라문들이 자기들을 특별한 신이라 자칭하며 얼마나 많은 민중을 현혹했던가. 그 후의 종교들이 지금도 남아서 점점 조직화하여 세계를 어지럽히는 무당들이 되었다. 기독교나 가톨릭, 이슬람이 그렇다. 무당들이 대감신이 내렸다고 무당굿을 하는 것과 같이, 신의 계시를 받는다고 손을 벌려 하늘을 향해 소리를 지르며 눈알이 뒤집히는 것과 조금도 다름이 없다.

# 第二十二
## 無法可得分(무법가득분) 법이란 가히 얻을 것이 없다.

須菩提白佛言 世尊 佛得阿耨多羅三藐三菩提
수보리백불언 세존 불득아누다라삼먁삼보리

爲無所得耶 佛言 如是如是 須菩提
위무소득야 불언 여시여시 수보리

我於阿耨多羅三藐三菩提 乃至無有少法可得
아어아누다라삼먁삼보리 내지무유소법가득

是名阿耨多羅三藐三菩提
시명아누다라삼먁삼보리

〈법法〉

불교는 이 法을 말하는 종교다. 법을 진리라 번역하기도 한
다. 세상에서 인간, 생물, 자연계를 통틀어서 이 법이라는
말과 같이 솔직하고 바르게 표현한 말은 없을 것이다.

우주 안에서 존재하는 모든 존재물은, 자기의 존재가치를

최소한 발휘하려고 한다. 그러한 경쟁 원리 속에서 자기를
정당화하려고 하지 않고 있는 모습 그대로 나타낸 것이 바
로 이 법이라는 표현이다.

세계가 모두 인간주의로 편성이 되어있다. 그러나 불교의
법은 인간만이 아니라 모기나 지렁이 한 마리라도 그들의
생명의 가치를 존중하도록 가르치고 있다.

이 난에서는 그 진리라는 것을 가히 얻는다거나 깨친다거
나, 그 근본에서는 얻을 것도 버릴 것도 없다. 하고 솔직한
실체를 이야기한다.

불교 법사들이 법상에 올라가서 법을 설하기 전에 이미 설
법을 다 해서 마치었다. 하고 말할 때가 있다. 실은 말 같지
않은 말이지만 대단한 이야기이다. 진리는 석가모니의 말
에 있는 것도 아니고, 신의 말에 있는 것도 아니라는 이야
기이다.

어느 종교는 최고의 지도자를 뽑는데 문을 꼭꼭 걸어 잠그
고 아무도 들어오지 못하게 하고 비밀리에 신으로서 군림

할 자를 뽑는다. 그것은 인간들을 현혹하기 위한 무당종교
의 행위이지 진리를 말하는 가르침의 종교가 아니다.

진리란 비밀 속에 있는 것이 아니기 때문이다. 비밀이 있고
신비가 있는 척 사람들을 현혹하기 위한 사기꾼들의 연극
이다.

불교에서 진언이라는 말이 있다. 뜻은 비밀스러운 말을 의
미한다.

하지만 불교의 진면목은 진언에 있을 수 없다. 뜻도 모르는
말을 거창하게 울긋불긋한 옷을 입고 거창하게 소리를 내
면 사람들이 그 의식에 빠져들게 되어있다. 무당들도 그러
한 옷차림을 하므로 사람들의 마음을 휘어잡는다.

우리는 무엇을 얻을 것이 있다고 생각하는가. 생각해보자.

사랑을

진리를

권력을

명예를

재산을

불교에서의 진리는 성숙한 자기 모습으로의 성장이다.

옛날에는 신이 있어서 나의 행복을 쥐고 좌지우지하는 것이 있다고 생각한 적이 있었다. 하지만 지금의 사회는 지식만 가지고도 그러한 실체는 없고 최면화 되고 주입화 된 주체성 없는 자기의 허둥대는 모습 이외는 아무것도 아닌 것을 알게 되었다.

얻을 것, 가질 것, 실은 없다. 살아있는 동안 멋있게 활용하는 것뿐이다. 어느 대학교수가 자기 딸이 죽으면서 신을 믿는 마음으로 얼굴빛이 밝았다 한다. 죽을 때는 숨이 끊어지

므로 그냥 고요하다. 기독교라는 신이 들어오기 전에 우리
옛 조상들도 수없이 많이 돌아가셨다. 그들은 모두 편안하
게 가셨다.

## 第二十三
### 淨心行善分(정심행선분) 깨끗한 마음으로 선을 행함

復次 須菩提 是法平等 無有高下
부차 수보리 시법평등 무유고하

是名阿耨多羅三藐三菩提
시명아누다라삼먁삼보리

以無我無人無衆生無壽者 修一切善法
이무아무인무중생무수자 수일체선법

則得阿耨多羅三藐三菩提 須菩提
즉득아누다라삼먁삼보리 수보리

所言善法者 如來說卽非善法 是名善法
소언선법자 여래설즉비선법 시명선법

깨끗한 것 + 더러운 것 = 평등.

깨끗한 것이 어디에 있나 한번 찾아보아라. 더러운 것이 어
디 있는지 한번 찾아보아라. 무엇을 가지고 더럽다 할 것인
가. 똥이 더럽다 하지만, 파리나 구더기는 그곳이 자기들의

화려한 극락이다. 그곳을 금은 칠보의 궁정으로 삼고 산다.

인간만의 기준으로서는 세계를 해결하지 못한다, 거기서 생각해 낸 것이 하늘이니 천당이니 극락이니 하는 곳으로 잠시 마음들을 쉬어가게 환상을 주는 것뿐이다.
어느 도인이 노래하기를,

슬프면 울고 기쁘면 웃으라 한다.

잠 오면 잠자고 배고프면 밥 먹으라는 왜 빠졌나.

늙으니 병밖엔 남는 것이 없구나.

이는 평등한 논리다.

평등하고 평등하다.

부자가 가진 돈을 모두 빼앗아서 가난한 자에게 주는 것이 평등이 아니다.

황새는 긴 날개로 높은 하늘을 난다.

참새는 작은 몸뚱이로 집과 밭 논두렁을 쪼며 부지런하다.

황새한테 높은 하늘을 훨훨 나르니 더 행복하니? 하고 물으니 그런 것 생각한 적도 없단다.

참새에게 짧은 날개로 이 눈치 저 눈치 보며 피하고 다니기만 하니 불행하냐? 하고 물으니 자기들은 숨바꼭질하며 하루를 보내는 게 더없이 행복하단다.

## 第二十四
### 福智無比分(복지무비분) 복과 지혜는 비교가 안 된다.

須菩提 若三千大千世界中
수보리 약삼천대천세계중

所有諸須彌山王 如是等七寶聚 有人
소유제수미산왕 여시등칠보취 유인

持用布施 若人以 此般若波羅蜜經
지용보시 약인이 차반야바라밀경

乃至四句偈等 受持讀誦 爲他人說
내지사구게등 수지독송 위타인설

於前福德 百分不及一 百千萬億分
어전복덕 백분불급일 백천만억분

乃至算數譬喻所不能及
내지산수비유소부능급

나의 본질을 알면, 그 이상 허덕일 것이 없어진다.

우리는 모르기에 허덕인다.

오래 살고 싶고,

부자로 잘살고 싶고,

건강하고 싶고,
예쁘고 멋있는 사람과 사랑하고 싶고,

이러한 것은 인간이 태어나면 욕망이라고 할 것도 없이 자연 발생적인 기본이다.

그러나 이것들은 영원한 실체가 없는 것들뿐이다. 순간순간에도 고정되지 못하고 수시로 변한다. 아이들이 장난감을 가지고 싶을 때 금방 안 사주면 죽을 것 같이 떼를 쓰다가 사 주면 한 삼십분 가지고 놀다가 곧 싫증을 내 쳐다보지도 않는다. 이처럼 빠르고 빠르게 우리 생각도 변하며 성장해간다. 변하지 않고는 성장할 수 없다.

사실은 그렇지만 우리는 그 자연 속에서 괴로워한다.

그 괴로워하는 것, 고통 번뇌 등의 말들이 다 괴로움이다.
괴로움이 없으면 불교고 수행이고 다 필요 없다. 불교는 그
괴로움을 몰라서 괴로워하게 마련이라고 말한다. 왜냐하면
지혜가 밝으면 괴로움이 없기 때문이다.

부처님은 어떠한 지혜를 얻었는가.

얻을 바가 없는 지혜를 얻은 것이다.

무의 지혜를 얻은 것이다.

공의 지혜를 얻은 것이다.

설사 수행을 안 했어도 늙으면 보이는 것이 있다.

이것도 그것도 아무것도 아니었다는 것이 보인다.
젊어서는 용기라고 자칭하며 동서남북으로 뛰어다녔지만,
허덕임만 있었을 따름이다.

권세를 흔들고

돈을 가져본들,

이러한 것들이 영원성이 없는 것이었다.

第二十五
**化無所化分**(화무소화분) **교화하되 교화하는 바가 없다.**

須菩提 於意云何 汝等勿謂如來作是念
수보리 어의운하 여등물위여래작시념

我當度衆生 須菩提 莫作是念 何以故
아당도중생 수보리 막작시념 하이고

實無有衆生如來度者 若有衆生 如來度者
실무유중생여래도자 약유중생 여래도자

如來卽有我人衆生壽者 須菩提
여래즉유아인중생수자 수보리

如來說 有我者 卽非有我 而凡夫之人
여래설 유아자 즉비유아 이범부지인

以爲有我 須菩提 凡夫者 如來說卽非凡夫 是名凡夫
이위유아 수보리 범부자 여래설즉비범부 시명범부

부처님이 중생을 교화한 바가 없다. 하고 말씀하신다.

어떻게 보면 부처님이 참으로 솔직하신 분 같이 보이지만,

이것은 사실이기에 별다르게 특별할 것이 없다.

사랑하고 사랑하고 사랑하라.

중생이 따로 있고, 부처가 따로 있으면, 부처님의 가르침이 필요 없다. 개구리와 올챙이가 다른데 하나인 것과 같이, 이 우주 속에 모든 것은, 다른데 같은 것이고, 같은데 다른 것이다. 인간도 마찬가지다. 정자로 있을 때에는 인간이라 하지 않는다. 어머니 뱃속에 들어가 점점 인간의 형태를 갖추어가는 것과 같다.

그런데 또한 안 그렇다. 나는 승려 행세를 하려고 하고, 인간 행세를 하려고 하고, 각기 다른 모양을 가지고 행세하려고 한다. 이것은 존재의 가치일 뿐이다. 가끔 자기 착각으로 황홀함에 빠질 뿐이다.

깨침이란, 밥 먹고 똥 싸는 내 모습의 거룩함이다. 아상 인상 중생상 수자상이 다 거룩할 때, 일체가 청정하고 세상이 거룩하다.

그분의 앞에 나아가면 절대로 거짓말을 할 수 없다.

인간에게는 거짓말이나 속이려는 것이 많아서

자신도 모르게 그렇게 되고 만다.
그러나 일생에 한 분은

그러한 사람이 있으면 좋다.

# 第二十六
## 法身非相分(법신비상분) 법신은 모양이 아니다.

須菩提 於意云何 可以三十二相觀如來不
수보리 어의운하 가이삼십이상관여래부

須菩提言 如是如是 以三十二相觀如來
수보리언 여시여시 이삼십이상관여래

佛言 須菩提 若以三十二相觀如來者
불언 수보리 약이삼십이상관여래자

轉輪聖王 卽是如來 須菩提白佛言
전륜성왕 즉시여래 수보리백불언

世尊 如我解佛所說義 不應以三十二相
세존 여아해불소설의 불응이삼십이상

觀如來 爾時世尊 而說偈言
관여래 이시세존 이설게언

若以色見我 以音聲求我
약이색견아 이음성구아

是人行邪道 不能見如來
시인행사도 불능견여래

법신法身이란 우주의 자연과 결혼한 내 몸뚱이란 생각을 해
야 한다. 그런 입장에서 금강경을 보아야 이해가 된다. 그
냥 짝 한다든가 친구가 되는 것이 아니라 하나로 합체가 되
어야 한다.

우리는 그대로 우주와 하나인데 나라는 개체로 떨어져 나
오므로 무엇인가에 의지하고 서로 엉켜서 한속이 되지 못
하므로 괴롭고 슬프고 외롭고 속상한 것이다.

금강경은 우주 전체와 나를 하나로 본 것뿐이다.

하나를 쪼개고 쪼개서 분별하며 내 것 네 것 하면서 싸우니
괴롭다.

그 괴로움에서 벗어나려면 그 전체에서 벗어난 내 조각들
을 하나씩 하나씩 이어 맞추어서 우주와 하나가 되도록 용
접해야 한다. 그 용접하는 방법이 수행이다. 결국 하나일
뿐, 개인이 될 수 없다. 그렇지 않으면 마치 남의 서방 가랑
이 붙잡고 우는 꼴이 되고 마는 것이다. 그래서 부처님이

법신이라고 말씀하신 것이다.

세상은 모양으로 형성되어있다.

남자모양, 여자모양,

사랑하는 모양, 미워하는 모양,

눈에 보이는 모양이 있는가 하면,
눈에 보이지 않는 나의 모양 내 생각의 모양이 있다.

불교는 눈에 보여 나타나는 모양보다 나타나지 않는 마음의
모양을 더 중요시한다. 왜냐하면 그 마음의 모양이 수시로
변하며 항상 나와 함께 하기 때문이다. 빨간 것을 보면 금방
빨간 물로 물들었다가 파란색이 나오면 파란색으로 변하는
마음, 그래서 인간의 고정된 생각은 없다고 하는 것이다.

이러한 모습을 본 부처님은 그렇고 그렇다. 하고 모두를 다
긍정하고 감싸주셨다.

# 第二十七
## 無斷無滅分(무단무멸분) 끊을 것도 멸할 것도 없다.

須菩提 汝若作是念 如來不以具足相故
수보리 여약작시념 여래불이구족상고

得阿耨多羅三藐三菩提 須菩提 莫作是念
득아누다라삼먁삼보리 수보리 막작시념

如來不以具足相故 得阿耨多羅三藐三菩提
여래부이구족상고 득아누다라삼먁삼보리

須菩提 汝若作是念 發阿耨多羅三藐三菩提者
수보리 여약작시념 발아누다라삼먁삼보리자

說諸法斷滅相 莫作是念 何以故
설제법단멸상 막작시념 하이고

發阿耨多羅三藐三菩提心者 於法不說斷滅相
발아누다라삼먁삼보리심자 어법불설단멸상

아누다라삼먁삼보리의 마음을 낸 사람은, 인생의 삶이 끊
어지고 소멸하는 법은 없다 하고 말씀하셨다.

그러나 분명히 인간은 태어나고, 태어난 사람은 반드시 죽

게 되어있다. 그런데 죽거나 소멸함이 없다고 한다.

죽거나 소멸함이 없다고 보는 입장은 법신불 아누다라삼 먁삼보리를 얻은 부처님 입장이 되지 않으면 가능하지가 않다.

그래서 불교는 부처님의 법신불 입장에서 볼 수 있는 세계가 형성되어야 한다. 왜 그래야 하느냐 하면, 나 하나의 개인 몸뚱이가 존재하는 것은 단순히 어머니 아버지에 의한 탄생으로만 존재하는 것이 아니기 때문이다. 우리는 우주와 같이 작용하고, 거기에 고리가 연결되어 존속하기 때문이다.

우주의 입장에서 보고, 세계의 입장에서 보고, 나무나 돌도 지구에 같이 존속하는 가족으로서 존속의 동반자이기 때문이다.

치마저고리 입고 머리 길면 여자라고 보지 마라.

여자같이 생긴 남자가 여장할 수 있다.

바지저고리 입고 상투 트니 남자라고만 보지 마라,

남자같이 생긴 여자가 바지저고리 입을 수도 있다.

세상은 움직이는데

한시도 가만히 있지 않는데

한번 인식된 관념에만 부둥켜안고 앉아있지 마라.

＊ 어느 수행승이 동산 스님은 도통한 도인이라고 하니까

동산 스님에게

"참다운 불법의 진리는 무엇입니까?"

하고 물었다.

"삼배 세 근이다." 하고 대답했다.

황망하고 당황스러운 대답이다.
일설에는 그때 동산 스님이 옷 만들 삼배를 저울에 달고 있
었다고 한다.
그러나 이것은 결코 황망한 이야기가 아니다.

자기 재산을 못 찾고 허덕이는 자에게 자기 재산이 너에게
있다는 것을 일깨워 주도록 몽둥이찜질을 해서 정신 차리
도록 화끈하게 대답한 말이다.

이 말은 불교 설화에 돈 많은 장자가 돈 없는 친구가 찾아
오니 바쁜 일이 갑자기 생겨 고이 잠든 친구를 깨우지 못
하고 친구 옷 속에 일생 쓸 수 있는 많은 보물을 넣어놓고
나가자, 그 친구는 그것도 모르고 평생 돈 없는 거지신세
로 헤매다 말년에 그 친구를 다시 만나 친구가 가르쳐 준
덕택에 보물을 찾아 편안히 살게 되었다는 이야기와 같은
뜻이다.

'삼배 세 근' 이라는 대답이 잘못된 것이 아니라

참다운 불법의 진리라는 심각한 물음에 직접 손에 쥐어
주는 것뿐만 아니라 입속에까지 넣어주는 큰 자비심인
것이다.

'참다운 불법의 진리' 는 처처에 가득 넘치고 쌓여서 참다
운 진리가 아닌 것이 없기 때문이다.

# 第二十八
## 不受不貪分(불수불탐분) 받지도 않고 탐하지도 않는다.

須菩提 若菩薩 以滿恒河沙等世界七寶
수보리 약보살 이만항하사등세계칠보

持用布施 若復有人 知一切法無我 得成於忍
지용보시 약부유인 지일체법무아 득성어인

此菩薩 勝前菩薩所得功德 下以故
차보살 승전보살소득공덕 하이고

須菩提 以諸菩薩 不受福德故
수보리 이제보살 불수복덕고

須菩提白佛言 世尊 云何菩薩 不受福德
수보리백불언 세존 운하보살 불수복덕

須菩提 菩薩 所作福德 不應貪着
수보리 보살 소작복덕 불응탐착

是故 說不受福德
시고 설불수복덕

그러기에 내건 내 것이고, 네 것도 내 것이다.

난 하나도 안 가진다. 모두 너에게 돌려줄 것이다.

욕심쟁이

그런데 부모들의 심정이 그렇다.

모두 너를 위해서 산다.

내 몸뚱이까지도 산산이 부셔서 너에게 바친다.

사랑하는 연인끼리는 너를 위해서 내 모든 것을 다 주겠다.

하는 마음이 생긴다. 사실이 재산도 몸뚱이까지 다 주어도 아깝지 않다.

그러다 마음이 틀리면 원수가 된다.
일체법무아一切法無我=일체의 진리는 나라는 것이 없다.

이것은 부처님이 보시고 조사들이 본 진리다. 불교는 보았다고 한다. 그래서 法眼=진리의 눈이라 한다. 삼라만상이 다 진리라고 하지만, 우주법계宇宙法界가 다 진리라고 하지만, 그래서 그것이 틀림없지만, 그를 보는 것은 우주도 아니고 삼라만상도 아니다. 나라고 하는 분별하는 인간이다. 그 인간이 진리의 눈으로 보지 않으면 개밥에 도토리다.

여기서 본다는 것은 내가 없이 나를 본다. 내 것이 아닌 내 것을 가진다. 결국, 내 몸뚱이도 내가 일생이라는 잠깐 동안 빌려서 사용해 보고 내 사랑도, 내 권력도, 내 재산도, 잠시만 아주 잠시만 내가 사용해 보는 것이다.

소유권所有權 이라는 말이 있다. 권한이 있는 동안의 소유다. 영원할 수 없는 건 죽어서는 가지고 갈 수 없다. 자기 목숨도 자기 몸뚱이도 마찬가지다.

내가 없는데, 받을 것도 탐할 것도 없는 실제다.

그런데 그 소유권,

잠깐이라도 좋으니 그 소유권이 필요한 것이다.

잠시, 아주 잠시만이다.

세상은 그 아주 잠시만을 가지고 지지고 볶는다.

그런데 나무아미타불 세계를 가려면 이 잠시만의 소유권도 나무아미타불께 저당 잡아 놓아야 한다. 그러면 자기의 소유권을 찾으러 가야 한다. 그러면 자연적 극락세계로 가게 되는 것 아닌가.

# 第二十九
## 威儀寂靜分(위의적정분) **모양새 꾸밈이 고요하고 고요하다.**

須菩提 若有人言 如來若來若去 若坐若臥
수보리 약유인언 여래약래약거 약좌약와

是人 不解我所說義 何以故
시인 불해아소설의 하이고

如來者 無所從來 亦無所去 故名如來
여래자 무소종래 역무소거 고명여래

온 적도 없고, 간 적도 없고, 앉은 적도 없고 누운 적도 없다.

누구냐? 나다 나이다.

그러니 나는 태어난 적도 없고, 태어남이 없으니, 죽음도 없다. 사실이다. 사실인데 왜 이런 것을 법문이라고 하나. 사실이기에 그래서 법문이 된다.

이 세상은 사실을 사실로 말하려 하지 않는다. 사실을 사실로 말하면 첫째 믿으려 하지 않는다. 그 비근한 예로 신이라는 말이다. 이 유일신이니 절대 신이니 하면서 이 세상을 얼마나 희롱해 왔던가, 그 희롱한 사람이 잘못이라고 말하지만, 희롱당하는 사람이 더 나쁠 수도 있다. 우리가 파리를 싫어하는 것은, 파리가 싫은 것이 아니라, 우리가 싫어하는 똥에 모여드니까 싫은 것이다. 신이라는 허상의 환상에 몰려드는 것은 파리만도 못하다. 파리는 그곳이 자기들이 살아갈 양식과 새끼들을 번식시킬 보금자리이기 때문이다. 그러나 환상의 신에 모여드는 것은, 누군가의 최면에 이용당하고 꼭두각시처럼 복종 당하기 때문이다. 그 사람들은 절대로 바른말을 하지 않는다. 다 알면 자기들에게 속지 않으니까. 그래서 모르도록 한다. 무식하도록 한다.

온 적도 없고, 간 적도 없다.

그게 누구냐?

나다.

바로 나다.

내가 온 적도 없고, 간 적도 없다고 말하는 나 밖에는
이 넓고 넓은 세상에 나 하나밖에는 보이지 않지 않는가.

곧 나의 실체가 이렇게 눈만 멀뚱멀뚱 뜨고 앉아있는 것이다.

임제스님 말씀에 무사시귀인無事是貴人이라는 말이 있다.

할 일 없는 사람이 참으로 귀인이다. 하는 뜻으로 새기면
크게 잘못이다.

단순히 생각해도 할 일 없는 사람이 바로 귀인이다. 하고
생각하게 된다.

그러면 무엇이 할 일이야? 하고 물을 수 있다.

여기서 할 일이란 수행을 말한다.

깨치기 위해서 부처님은 6년 동안 힘든 고행을 했다. 그렇게 깨치고 나서는 고행을 부정했다. 고행 속에 깨침이 있는 것이 아니다. 하고 말했다. 귀인(부처)이 되고 나니 깨침은 고행 속에 있는 것이 아님을 타파한 것이다.

자기 마음을 밝히니 한순간에 세상의 이치까지 확실히 보여 알 수 있는 것은 고행에서 오는 것도 아니고, 어느 신이나 선각자가 가르쳐 주는 것도 아님을 간파한 것이다.

오직 자기 스스로 사랑이 가리고 명예 권력이 가리고 잘나고 못난 것이 마음의 눈을 가려서 바른 삶의 이치를 못 본 것뿐이다.
그러므로 참으로 귀인은 할 일이 참 많은 사람이다.

고뇌에 허덕이는 중생들을 고뇌 없는 바름에 들어가게 하려고 수행도 지도해야 하고, 설법도 해야 하고, 앉으나 서나 한 발짝 뛰고 움직이는 것까지 한시도 쉴 틈이 없다.

# 第三十

## 一合理相分(일합리상분) 한 덩어리의 이치

須菩提 若善男子善女人 以三千大千世界
수보리 약선남자선여인 이삼천대천세계

碎爲微塵 於意云何 是微塵衆 寧爲多不
쇄위미진 어의운하 시미진중 영위다부

甚多世尊 何以故 若是微塵衆 實有者
심다세존 하이고 약시미진중 실유자

佛卽不說是微塵衆 所以者何
불즉불설시미진중 소이자하

佛說微塵衆 卽非微塵衆 是名微塵衆
불설미진중 즉비미진중 시명미진중

世尊 如來所說三千大千世界
세존 여래소설삼천대천세계

卽非世界 是名世界 何以故
즉비세계 시명세계 하이고

若世界 實有者 卽是一合相
약세계 실유자 즉시일합상

如來說一合相 卽非一合相 是名一合相
여래설일합상 즉비일합상 시명일합상

須菩提 一合相者 卽是不可說
수보리 일합상자 즉시불가설

但凡夫之人 貪着其事
단범부지인 탐착기사

우주의 한 덩어리.

내가 우주와 한 덩어리가 되어서 세상의 모든 이치를 본다.

물론 자연과 나를 갈라서 별도로 보지 않는다.

둘째로는 나와 세상을 둘로 나누어서 생각하지 않는다.

물론 너와 나를 따로따로 보지 않는다.

실질적으로는 어떤 것이냐.

멀고 먼 저 태양에 한 점의 흑점만 생겨도 지구에 사는 우리는 춥고 얼어서 살기 힘들다. 조그마한 태양에 한 점의 그늘만 지어도 그러는 것과 같이 우리는 우주라는 한 덩어리의 둥그런 원 속에서 함께하는 것이다. 이것을 법계法界의 원리라 한다.

그래서 불교의 가르침은 나를 그대로 우주의 한 덩어리로 한다. 즉 죽음도 없고 태어남도 없다는 것이 그를 나타낸 것이다.

분명 나는 태어났는데 태어나지 않았다고 한다.
분명 나는 죽는데 죽지 않는다고 한다.

우주까지는 안 가더라도 달나라에서 보면, 내가 태어나고 죽는 것이 지구라는 한 덩어리 구석에서 일어나는 티끌과 같은 일로서 아무런 변화를 느끼지 않는다. 오직 나만이 변한다고 말한다. 그나마 내가 없으면 누가 그 변함을 알 수 있는가.

번뇌의 씨앗은 어디에 있는가.

자기에 있다.

세상도 아니고

상대도 아니고 자기이다.

사랑만 가지고 생각해 보면 사랑을 해서 내가 조금만 못 보아도 못살 것 같더니 그놈이 미워지기 시작하니까 보기만 해도 화가 나고 생각만 해도 화가 난다. 그러므로 이것은 상대방이 번뇌를 가지고 온 것이 아니다. 상대로 인한 나의 번뇌인 것이다.

그러나 순간 내 속에 있는 부처님을 만나면 번뇌는 다 사라진다. 번뇌가 상대방에게서 나왔던 것이 아니다. 내 마음에 나 스스로 번뇌를 심어 길렀다. 그 심어 놓은 씨앗이 시기를 만나니 지금이 기회라고 튀어나온 것뿐이다.

✻ 부처님을 화장시킨 단하 선사.

단하 선사가 부처님을 태웠다.

단하 선사가 일찍이 여행 도중 낙양洛陽의 혜림사慧林寺에 들렸다. 몹시 추운 겨울이었다. 들어가 보니 스님은 없고 단위에 목불상이 계셨다. 그걸 갖다 불을 지펴서 방안을 훈훈하게 하였다. 그때 원주가 밖에서 돌아와 보고는 노발대발하는 것이었다.

"거룩한 부처님을 태우면 어떻게 해"
단하선사는 지팡이로 불탄 아궁이에서 재를 헤집고 있었다.

"당신은 거기서 무엇을 하는 거야-!!!"

화를 냈다.

"부처님 사리를 찾고 있습니다."

"목불이 어떻게 사리가 있습니까."

"그러면 나머지 목불도 춥지 않게 갔다가 불이나 피웁시다."

다음에 그 원주스님은 눈썹이 빠졌다고 한다.

이 법문은 금강경이 주장하는 범소유상 개시허망 약견제상 비상 즉견여래凡所有相 皆是虛妄 若見諸相非相 即見如來니라. 하는 불교 사상思想을 잘 나타낸 단하 선사의 생생한 법문이다.

왜냐하면, 자기가 제일 귀하게 존중한 불상의 참다운 모습을 마음의 집착에서 벗겨내어 숨 쉬도록 생명력을 집어넣은 단하 선사의 활구이기 때문이다.

# 第三十一
## 知見不生分(지견불생분) 안다는 생각을 내지 않는다.

須菩提 若人言 佛說我見人見衆生見壽者見
수보리 약인언 불설아견인견중생견수자견

須菩提 於意云何 是人解我所說義不
수보리 어의운하 시인해아소설의부

不也 世尊 是人不解如來所說義
불야 세존 시인불해여래소설의

何以故 世尊說我見人見衆生見壽者見
하이고 세존설아견인견중생견수자견

卽非我見人見衆生見壽者見
즉비아견인견중생견수자견

是名我見人見衆生見壽者見 須菩提
시명아견인견중생견수자견 수보리

發阿耨多羅三藐三菩提心者 於一切法
발아누다라삼먁삼보리심자 어일체법

應如是知 如是見 如是信解 不生法相
응여시지 여시견 여시신해 불생법상

**須菩提 所言法相者**
수보리 소언법상자

**如來說卽非法相 是名法相**
여래설즉비법상 시명법상

〈法相〉 우주 법계에 있어서 법의 모양을 논한다면, 아상 인상 중생상 수자상은 없는 것이다. 없으므로 영원하지 못하다. 이 영원하지 못한 것을 가지고 나의 보물로 할 때, 허덕이게 된다.

하지만 영원이라는 것도 없다. 인간들이 영원이니 아니니 떠벌리는 것이다. 마치 신이니 구원이니 하는 것과 같이. 없는 실체를 가지고 나의 실체로 하려 할 때에 항상 허덕임의 마음을 가지게 되므로 현혹당하는 재료가 된다.

본래 아는 것이 없다. 없는데 안다니 맹꽁이가 맴-맴- 웃는다.

하지만 말이다. 우리는 지금 현대에 살고 있다. 거꾸로 세

웠건 바로 세웠건, 우리는 인식의 주춧돌 위에 생각의 주춧
돌을 세우고 있다.

불교는 거꾸로 된 것을 바로 세우라는 것이 아니다.

거꾸로 된 것은 거꾸로 되어있는 것인지 바로 알고, 어느
것이 바른 것인지 확실히 알아야 바른 법의 눈이 된다. 그
래야 세상을 밝게 보게 된다. 그래서 법안法眼이라고 한다.

# 第三十二
## 應化非眞分(응화비진분) 응화신은 진신이 아니다.

須菩提 若有人以滿無量阿僧祇世界七寶
수보리 약유인이만무량아승지세계칠보

持用布施 若有善男子善女人
지용보시 약유선남자선여인

發菩薩心者 持於此經 乃至四句偈等
발보살심자 지어차경 내지사구게등

受持讀誦 爲人演說 其福勝彼
수지독송 위인연설 기복승피

云何爲人演說 不取於相 如如不動
운하위인연설 부취어상 여여부동

何以故 一切有爲法 如夢幻泡影
하이고 일체유위법 여몽환포영

如露亦如電 應作如是觀
여로역여전 응작여시관

佛說是經已 長老須菩提 及諸比丘比丘尼
불설시경이 장로수보리 급제비구비구니

**優婆塞優婆夷 一切世間天人阿修羅**
우바새우바이 일체세간천인아수라

**聞佛所說 皆大歡喜 信受奉行**
문불소설 개대환희 신수봉행

---

무엇인가에 감응해서 나타나는 신神이나 부처님으로 변해서 나타나는 모양은 참다운 여래의 법신法身이 아니다.

법신이란 모든 차별의 모양을 뛰어넘어 평등하고 같은 참 모습으로, 그냥 그대로 동함이 없는 것이 반야般若의 삶이고 보살의 길로서 불교의 진리인 것이다.

꿈의 해석

〈一切有爲法 如夢幻泡影 如露亦如電=일체의 하여야 하는 작용이 있는 것은, 꿈과 같으며, 환상과 같고 물거품과 같고 그림자와 같고 이슬과 같다. 또한, 번개와 같으니, 응당 이처럼 관하고 보아야 한다.〉

유위법有爲法, 무엇인가 할 것이 있는 진리는 꿈같은 것을 집어삼키고, 환상으로 배를 채우며 물거품으로 누각을 짓고, 그림자로 내 실체를 삼으며 번갯불을 가지고 춤을 춘다.

그러나 그것에서 꿈이 깨어나면 나는 이 세상에 우뚝 서게 되어, 하늘과 땅 사이에서 오직 나만 홀로 멋있느니라.

사람치고 꿈 안 꾸는 사람 없다.

좀 공포심이 나는 꿈이나 이상한 꿈을 꾸면, 이 꿈이 무엇을 의미하는 징조徵兆인가 나에게 무엇을 암시하는 건가. 하고 궁금해한다.

특히 꿈속에 어떠한 변화의 사건을 생시와 같이 생생하게 당했는데 다음 날 꼭 그렇게 당했다. 한두 번 그러한 경험이 있으면 꿈에 대한 신뢰감과 함께 공포심도 갖게 된다. 그러나 꿈은 생시의 의식 활동의 연속이다. 그와 함께 잠자는 둘레의 환경도 작용한다. 그 꿈이 연속으로 맞추는 것도 아니다. 그 수많은 꿈 중에 간혹 같은 조건의 의식이 활동

하면서 나타나는 것이 있을 뿐이다.

이 꿈에 대해서 체계적으로 학술화 한 사람은 프로이트다.

성의 욕구불만을 꿈에 붙여서 해석한 것이다. 나이가 젊건 늙건 누구나 가지고 있을 욕구불만으로서, 그것을 인간 심리에 접목해 꿈의 해소를 최면술로 해소하려 했다.

이와 같은 방법으로 사람들을 현혹하는 것은 조상이다. 사람에게는 조상이 없는 사람이 없다. 이미 가서 보지도 잡을 수도 없는 것을 조상이 나타난 것이라고 규정짓는 무속 말에 모두 다 현혹된다.

이 두 가지는 인간으로서는 잡을 수도 증거를 보일 수도 없는 것들이다.

이것에 부처님은 한 술 더 떠서 우리가 살아있는 이 자체도 꿈이다 하고 말씀하신 것이다. 마치 꿈과 같고 허깨비 그림자 춤추는 것과 같고, 물거품과 같고 이슬과 같고 번갯불과

같으니 인생의 무상함을 바르게 살펴 지혜의 등불을 밝혀
반야의 삶을 살아야 하느니라 하고 일생을 설법한 것이다.

## 금강경 일화

《금강경》에는 불교 수행을 대표 할 수 있는 일화가 있다.
그것은 《금강경》으로 덕산 스님이 깨치게 된 일화다.
깨침이란, 깨침에 진리가 있는 것은 아니다. 세상의 이치가
자기와 하나가 되는 것이다. 세상의 이치를 자기 것으로 하
는 것이 아니라 본래 자기 것을 찾는 것뿐이다. 그러므로
우주가 자기이므로 당연히 지금까지 착각하고 있던 자기는
변화하게 되어있다.

덕산 스님은 본래 《금강경》에 달통한 대가였다. 남방에서
사람의 성품을 바로 보면 곧 성불한다. [직지인심견성성불
直指人心見性成佛] 라든가 곧 마음이 곧 부처 '卽心卽佛' 등을 떠
들며 사람을 현혹하는 선禪의 마구니 외도들이 득성 한다는
소문을 듣고, 그 마구니 들을 자기가 항복시켜 혼쭐을 내야
겠다고 단단한 각오로 지금까지 자기가 준비해온 《금강경》
을 해석한 주석본들을 걸망에 짊어지고 사천성 촉나라에서
부터 남방으로 출발했다.
호남의 풍주까지 왔을 때 길거리에서 떡을 팔고 있는 할머

니가 있어 마침 배가 고픈 참이라 주석본의 걸망을 내려놓고 할머니에게 떡을 좀 달라고 했다.

할머니가 묻기를

"그 무겁게 짊어진 걸망 속의 물건들은 무엇입니까?"

《금강경》의 주석이라고 답하자.

"나에게 질문이 하나 있습니다. 만약 스님이 대답해 주시면, 오늘의 떡값은 안 받겠습니다. 그러나 대답을 못하면 다른 곳에 가서 떡을 사 먹으십시오."

덕산은 무슨 멍청한 말을 하는 할메가 있나 하며 쾌히 승낙하고 오늘 점심은 그냥 얻어먹게 되었다고 속으로 웃으며 자신만만했다.

"자 그러면 질문해 보십시오." 물었다.

"《금강경》에 〈과거 심으로도 가히 얻을 수 없고, 현재심으로도 가히 얻을 수 없고, 미래 심으로도 가히 얻을 수 없다고 하는 문구가 있는데, 경에서 말하는 과거, 현재, 미래, 세 가지 마음 중에 어떠한 마음으로 점을 찍으려고 합니까?"

《금강경》의 대가인 덕산은 무엇 하나 입을 열 수가 없었다. 그 순간부터 정신 나간 사람처럼 멍하니 앉아있는 덕산에게 "이곳 산 넘어 용담사라고 하는 곳이 있는데, 그곳 용담 스님을 찾아가 보세요."

덕산은 곧 할머니의 지시대로 용담숭신 선사를 찾아갔다. 문에 들어서자마자 덕산은 말했다.

"오랫동안 용담 노사를 사모하고 있었지만, 와서 보니 이것이 어떻게 된 것인가. 연못도 안 보이고. 용도 없잖아……,"라고,

그때 용담 노사는 살짝 병풍의 뒤에 몸을 숨기고

"그대는 친절하게 용담에 와 있으면서 말이야 그 어느 곳도 용담이 아닌 것이 없는데 말이야."라고

덕산은 그곳에서 절만 하고는 나왔다.

밤이 되자 또다시 용담 방으로 찾아갔다. 열심히 문답하고 있는 동안에 밤이 깊어지자 용담 노사가

"밤이 깊었으니 돌아가시게"

하고 말했다. 덕산이 거기서 인사를 하고 나왔지만, 밖이 캄캄해서 아무것도 분간할 수가 없었다. 몸을 돌려 용담에게 말했다.

"밖이 너무 캄캄해 아무것도 분간할 수 없습니다."

용담은 종이 초에 불을 붙여서 덕산에게 건네주었다. 덕산

이 그 종이 촛불을 받으려는 순간, 용담은 '훗---' 하고 불어 그 불을 껐다. 갑자기 둘레가 캄캄해졌다. 덕산은 그 순간에 활연히 대오해서 용담에게 그대로 절을 했다. 용담은 그것을 보고

"너는 무엇을 보았기에 절을 하는고?"

덕산이 말했다.

"저는, 이제부터 더는 큰스님 말씀을 의심하지 않겠습니다."

즉심즉불卽心卽佛과 견성성불見性成佛, 마음이 곧 부처고 부처가 곧 마음이며, 자기의 성품을 보면 곧 부처를 보는 것이라는 것이 확실해진 것이다.


다음 날 용담 선사는 법당에 올라가 설법을 했다.

"여기에 한 사람의 남자가 있다. 그의 이빨은 날카로운 검수와 같고, 그의 입은 피투성이 항아리 같아서 저 높은 정상에 앉아서 불교의 큰 도를 드날릴 것이다."

덕산은 애지중지하던 《금강경》 주석서를 법당 앞에 가지고 나가 불태우며

'그 어떠한 현묘한 진리도 물 한 방울 큰 산골짜기에 떨어

뜨린 것과 같다.'
하고는 그대로 절을 나가버렸다.


*

여기서 우리는 인간의 참다운 모습, 궁극의 존재성을 엿볼
수가 있다.
그 어떠한 것이 진리라고 한들, 그림 속의 떡과 같은 것
이다.
덕산은 《금강경》만 아니고 불교 교리의 대가였다. 하지만
논리상의 이론만 가지고는 우는 아기 하나도 달랠 수 없었
다. 아기에게는 엄마의 젖이면 된다.
극락세계를 가려면 어떻게 가야 하나.
그 멀고 먼 극락세계,
아무것도 가지지 말아야 한다.
생각마저 가지지 말아야 한다.
가지면 무거워서 그 멀고 먼 길을 갈 수가 없다.
《금강경》은 극락세계 가는 차표를 무와 공으로 했다.

원연 스님

# 금강경 산책

2014년 06월 25일 인쇄
2014년 07월 02일 발행

편 저  원 연
발행인  이주현
발행처  도서출판 해조음
등  록  2002. 3. 15. 제 2-3500호
　　　　서울시 중구 필동로1길 14-6 리엔리하우스 203호
　　　　전화 (02)2279-2343
　　　　전송 (02)2279-2406
　　　　메일 haejoum@naver.com

값 12,000 원

ISBN 978-89-91107-87-8 03220